VIOLÊNCIA E CORRUPÇÃO NO BRASIL

João Benedicto de Azevedo Marques

São Paulo
2013

Editor: Fabio Humberg
Editora assistente: Cristina Bragato
Diagramação e Capa: João Carlos Porto
Revisão: Laura Ricca Humberg

Dados Internacionais de Catalogação na Publicação (CIP)
(Câmara Brasileira do Livro, SP, Brasil)

Marques, João Benedicto de Azevedo
    Violência e corrupção no Brasil / João Benedicto de Azevedo Marques. -- São Paulo : CLA Editora, 2013.

    1. Corrupção 2. Políticas públicas 3. Segurança pública - Brasil 4. Violência - Brasil I. Título.

13-08964   CDD-363.10981

    Índices para catálogo sistemático:
1. Brasil : Segurança pública : Problemas sociais 363.10981

Grafia atualizada segundo o Acordo Ortográfico da Língua Portuguesa de 1990, que entrou em vigor no Brasil em 1º de janeiro de 2009.

Editora CLA Cultural Ltda.
Rua Coronel Jaime Americano 30 – sala 12
05351-060 – São Paulo – SP
Tel: (11) 3766-9015 – e-mail: editoracla@editoracla.com.br
www.editoracla.com.br

ÍNDICE

PREFÁCIO	5
APRESENTAÇÃO	7
VANGUARDA ESTUDANTIL	11
DA INDIGNAÇÃO À AÇÃO	15
MOVIMENTOS DE PROTESTO DE JUNHO DE 2013	19
CARTA À REPÚBLICA	25
SERVIÇO PÚBLICO E DEMOCRACIA	29
SOCIEDADE INDIGNADA	33
O CARÁTER SOCIAL DA EMPRESA	37
OS NOVOS PAPÉIS DO MINISTÉRIO PÚBLICO	39
O MINISTÉRIO PÚBLICO PODE FAZER INVESTIGAÇÃO CRIMINAL?	43
QUEM QUER CALAR O MINISTÉRIO PÚBLICO?	47
A IMPORTÂNCIA DA OUVIDORIA NO BRASIL	51
DIAGNÓSTICO DA CRIMINALIDADE NO BRASIL E MEDIDAS EMERGENCIAIS NECESSÁRIAS	57
MEGARREBELIÃO DE 2006 NOS PRESÍDIOS DE SÃO PAULO	61
COMENTÁRIOS À LEI DE EXECUÇÃO PENAL	65
A CRIAÇÃO DO MINISTÉRIO DA SEGURANÇA PÚBLICA	75
O FIM DA CASA DE DETENÇÃO DE SÃO PAULO	79
A MORTE DA MENINA ISABELA NARDONI	83
UMA NOVA POLÍTICA DE SEGURANÇA PÚBLICA	87
AS FORÇAS ARMADAS E A SEGURANÇA PÚBLICA	91
A RESPONSABILIDADE PENAL DO JOVEM	101
30 ANOS DE FEBEM	105
A LETALIDADE NAS OPERAÇÕES POLICIAIS	111
POLICIAL, GUARDIÃO DA CONSTITUIÇÃO	115
DESVALOR DA VIDA	119
PALAVRAS FINAIS	123

PREFÁCIO

João Benedicto e eu somos amigos desde os bancos do ginásio no Colégio São Luís, na década de 1950. E, mais do que amigos, companheiros na defesa de um Brasil melhor para todos.

Como secundaristas, fundamos a Vanguarda Estudantil e lutamos juntos pela democratização das entidades representativas de então, a UESP (União de Estudantes Secundários Paulistanos) e a UPES (União Paulista de Estudantes Secundários). Participamos de várias campanhas em favor da expansão da educação básica, à época restrita, contra a corrupção na política e em defesa dos interesses nacionais.

Na área social estivemos também juntos na mesma década num trabalho voltado a suprir as carências dos moradores da favela da Mooca, e depois na Vila IVG, situada próximo à fronteira entre São Paulo e Santo André. Na política participamos de um grupo de jovens que buscava novos caminhos para o país em reuniões com líderes do Partido Democrata Cristão (nada a ver com o atual), entre os quais o Prof. Queiroz Filho, André Franco Montoro, Paulo de Tarso Santos e Plínio de Arruda Sampaio.

Seguimos rumos diferentes na área universitária, ele indo para a Faculdade de Direito do Largo de São Francisco, onde participou ativamente da política universitária e das manifestações que marcaram o período do final da década de 1950 e início dos anos 1960. E eu me dedicando à formação em Química, na mesma Universidade de São Paulo, na distante Alameda Glete.

Na vida profissional João Benedicto optou pela carreira de promotor, na qual se destacou como profissional respeitado por suas posições a favor da transparência, da justiça e da correção. Deixou por vezes suas funções para exercer cargos públicos como na Febem e em Secretarias dos Governos Mario Covas e Geraldo Alckmin. Na área comunitária participou ativamente de vários movimentos e, em particular, do Conselho do Esporte Clube Pinheiros, seguindo o exemplo de seu pai, conhecido no clube como "Senador", pela presença ativa e contínua.

Embora com atividades profissionais diferentes, mantemos ao longo de mais de 60 anos amizade inquebrantável. E mais do que isso, constantes contatos e discussões sobre como influir na construção de um Brasil melhor para todos, nosso sonho desde o ginásio. Assim, nos posicionamos contra a ditadura militar e, no processo de redemocratização, estivemos juntos com Tancredo e Olavo Setúbal na criação do Partido Popular, que acabou extinto por medida arbitrária do governo. João Benedicto passou a atuar com o PSDB, mas neste caso apenas o acompanhei e apoiei à distância, sem me vincular.

Na área de arte e cultura, em que sua esposa Maria Laura é expoente do aquarelismo, João Benedicto deu total suporte às atividades e me levou ao Conselho da Associação Brasileira de Aquarela, por ela presidido. Infelizmente as tratativas por ele realizadas para a criação do Museu da Aquarela em São Paulo ainda não receberam suporte da Prefeitura, mas acreditamos que isso vai acontecer.

Tenho grande orgulho de ser amigo do João Benedicto e também por ele ser padrinho de batismo de meu segundo filho, Fabio, tornando-se meu compadre. Ele herdou de seus pais, Dr. Plinio e D. Célia, a noção de respeito, de justiça e de atuação comunitária que marcam sua vida. E também seu conceito de amizade, que faz com que esteja sempre disponível para apoiar os amigos em suas solicitações – desde que adequadas.

Por todos os fatos que marcam nossa vida e relacionamento, é um privilégio ter sido solicitado a preparar o prefácio do livro em que João Benedicto reuniu algumas de suas atividades e manifestações ao longo do tempo.

Mario Ernesto Humberg

APRESENTAÇÃO

Depois de muito refletir, resolvi reunir num volume textos, alguns inéditos, conferências e artigos publicados em jornais e revistas especializadas, que tratam dos temas violência, corrupção e criminalidade, decorrentes de minha experiência como promotor de justiça e procurador de justiça e do exercício de vários cargos da administração pública do estado de São Paulo e do Governo Federal, nas áreas de justiça e segurança, bem como dos tempos do Colégio São Luís.

Os temas apresentados, nos dias de hoje, são motivos de preocupação de toda a sociedade brasileira. Um exemplo é o da questão da participação do Ministério Público nas investigações criminais. Incluí dois textos parecidos, escritos em 2012 e 2013, que, apesar de repetitivos, resolvi publicar pela importância da matéria, principalmente levando em conta que o Congresso, pela pressão das ruas, acaba de rejeitar (no final de junho de 2013) a famigerada PEC 37, que, numa visão corporativa, visava restringir abusivamente os poderes de investigação dessa instituição.

O momento escolhido, 2013, coincide com uma onda de violência que teve um grande agravamento em 2011 e atingiu quase todos os estados da Federação, destacando-se São Paulo, Rio de Janeiro e Santa Catarina, colocando em xeque a política de segurança pública, que sempre teve um viés mais repressivo do que preventivo.

Além disso, tivemos o maior movimento de protesto que se viu na sociedade brasileira desde a proclamação da República, deflagrado pelos estudantes em junho de 2013 e que foi encampado por todos os estratos sociais, com reclamações contra a gestão em todos os setores da administração pública municipal, estadual e federal e contra a corrupção e a violência.

A grande desigualdade social e econômica da sociedade brasileira e a tradicional deficiência dos serviços públicos poderão desembocar numa grave crise política, mas é importante defendermos o regime democrático, duramente conquistado, após anos de ditadura militar.

Reconheço que alguns temas são altamente polêmicos, mas achei importante iniciar uma discussão pública dos mesmos.

A etiologia do crime e da violência depende de muitos fatores, mas, para controlá-los, é indispensável que o Estado desenvolva políticas públicas de prevenção, nas áreas de educação e saúde, e que se diminuam os brutais desníveis da sociedade brasileira, que tem áreas de pobreza extrema, assim como deve ser construída uma nova política de segurança pública. Caso contrário, vítimas inocentes continuarão a morrer nas grandes cidades brasileiras, numa autêntica guerra civil, sem fim.

Também analisei assuntos relativos à fundamental importância do instituto da ouvidoria, a corrupção e uma nova política de segurança pública que respeite os direitos humanos. É preciso que o processo de redemocratização iniciado com a Constituição de 1988 se consolide, deixando para trás o pesadelo do regime militar, para que haja o triunfo final da democracia e do estado de direito e um controle maior do crime organizado e da corrupção que contamina o Estado brasileiro e pode colocar em risco a democracia.

João Benedicto Azevedo Marques

VANGUARDA ESTUDANTIL

Recordar é viver e sonhar é preciso. Com esses conceitos poéticos voltamos no tempo ao ano de 1954, ao Colégio São Luís e à Avenida Paulista, quando ainda havia bondes e onde um grupo de estudantes, composto dos alunos Mario Ernesto Humberg, Clovis Bueno de Azevedo, Carlos Lessa da Fonseca, Joaquim Pedro de Souza Campos, Paulo Afonseca de Barros Faria, Antonio Eduardo Ribas Vianna e João Benedicto Azevedo Marques, entre outros, iniciou um movimento pela melhoria do ensino e das condições de vida da população da periferia, sendo apoiado pelo então reitor, Pe. João de Castro e Costa.

O movimento cresceu, sendo contatados alunos secundaristas de outros colégios, como São Bento, Liceu Coração de Jesus, Arquidiocesano, Imaculada da Conceição, Des Oiseaux e Ofélia Fonseca.

Ao grupo inicial se agregaram os estudantes Rubens de Oliveira Lima, Manoel Berlinck, Roberto Dutra Vaz, João Gonçalves, Ruth Vampré, Marina Matarazzo Suplicy, Heloisa Cintra do Prado, Ele-

---

* Artigo inédito, escrito em 2 de julho de 2013.

onora Cintra do Prado, Maria Ignes Cintra do Prado, Marisa Greb, Norma Kiriakos e Jo Pastore, dos colégios acima mencionados.

É importante destacar que muitos dos participantes exerceram importantes cargos na administração pública municipal, estadual e federal, outros se tornaram líderes empresariais, outros se destacaram nas mais diversas profissões e vários se tornaram ilustres professores universitários, sem falar naqueles que ingressaram na magistratura, no Ministério Público e na política partidária. Enfim, foram homens e mulheres que, ainda hoje, marcam presença nas grandes lutas do povo brasileiro.

A iniciativa cresceu e foi marcada uma reunião em 1954 no Colégio São Luís, quando foi fundada a Vanguarda Estudantil, que tinha como objetivo a defesa de uma melhor educação, mudança das péssimas condições sociais das favelas, a defesa da democracia e, principalmente, a luta contra o domínio absoluto da União da Juventude Comunista no movimento estudantil e, de modo especial, na União dos Estudantes Secundários de São Paulo (UESP) e União Paulista dos Estudantes Secundários (UPES). Foi contra esse monopólio que nos insurgimos.

Em 1954, em mês que não me recordo, foi marcada uma assembleia para eleição de uma nova diretoria da UESP, sendo que lançamos uma chapa encabeçada por Clovis Bueno de Azevedo, brilhante estudante e grande orador, precocemente falecido em acidente na praia de Iperoig, anos depois, cuja morte ceifou uma liderança estudantil.

Perdemos a eleição, mas nunca mais deixamos de nos manifestar nos movimentos políticos do país, em especial na luta contra a ditadura militar.

Quando os estudantes voltam a se manifestar de forma intensa e brilhante, contra a má qualidade do transporte público, do ensino e da saúde pública e conseguem mobilizar toda a sociedade, não podemos nos esquecer do papel que representou a Vanguarda Estudantil, num ano conturbado da nossa história, 1954, quando se suicidou o presidente Getúlio Vargas, pressionado pelas elites conservadoras do país.

Decorridos mais de 50 anos dos fatos, podemos ter sido traídos pela memória, já que não localizamos os jornais estudantis da época, e esquecido de alguns participantes, pelo que nos desculpamos.

Não podemos deixar de agradecer àqueles que nos apoiaram, em especial o Colégio São Luís, que nos cedeu os espaços para realizarmos nossas reuniões, bem como os sacerdotes da época capitaneados pelo padre reitor.

E, ao se falar do colégio e dos jesuítas, não podemos nos esquecer de que eles eram muito avançados, nos anos 1950, quando iniciamos o ginásio. Além do esporte, do teatro e do cinema, incentivavam e apoiavam os movimentos sociais e, através do Pe. Mario Ghislandi, mantinham uma obra de assistência social no bairro operário de Vila Industrial, conhecida como Vila IVG, próxima de Utinga, na Grande São Paulo, atendendo crianças e famílias pobres da periferia. Participavam desses trabalhos os membros da Vanguarda Estudantil e vários alunos dos cursos clássico e científico, bem como alunos e alunas de outros colégios de São Paulo. Foi aí que começamos a sentir e a ver as graves injustiças sociais da sociedade brasileira, que precisavam, e ainda precisam, ser corrigidas.

E com os mesmos sonhos estudantis da Vanguarda e do Colégio

São Luís, renovamos a nossa fé na juventude, no povo brasileiro, na democracia e no estado democrático de direito, para que possamos construir um país mais justo.

Observação: O movimento Vanguarda Estudantil foi criado em 1954 para atuar no meio secundarista e funcionou até 1958, quando suas principais lideranças passaram a atuar no meio universitário. Depois de formados, exerceram funções importantes na administração pública municipal, estadual e federal, no meio empresarial e na área política.

DA INDIGNAÇÃO À AÇÃO

O Movimento Da Indignação à Ação foi fundado, informalmente, no dia 31 de agosto de 2005, por ocasião da CPI dos Correios, em decorrência de denúncias do deputado Roberto Jefferson. Foi um precursor na cobrança da sociedade civil, com relação ao mensalão, objeto, afinal, de condenação, em 2013, em processo, no Supremo Tribunal Federal, relatado pelo ministro Joaquim Barbosa, e que redundou na condenação de importantes parlamentares e empresários e sacudiu a sociedade civil, sendo um marco na luta contra a corrupção na administração pública. Pode-se dizer que esse movimento foi um precursor dos protestos de 2013.

Sua 1ª reunião realizou-se na Sala do Estudante da Faculdade de Direito da USP com a presença de mais de 250 pessoas, entre estudantes, profissionais liberais, empresários, lideres políticos, empresariais e trabalhistas.

O manifesto a seguir contou com centenas de assinaturas, entre as quais a do prof. Miguel Reale e de João Benedicto de Azevedo Marques.

MANIFESTO DA INDIGNAÇÃO À AÇÃO

Fatos convocam a sociedade civil. Todos que assinam o presente manifesto consideram que, diante da grave crise política, é preciso agir agora. A sociedade civil, apreensiva quanto ao futuro de nosso país, aqui e ali, arregimenta-se nos mais variados segmentos organizados. É fundamental fortalecer esse processo de mobilização.

As instituições políticas do país estão sendo duramente atingidas. Congresso, Executivo, partidos, todos, em alguma medida, estão comprometidos. É imprescindível uma investigação séria, irrestrita e corajosa, completando até o fim o esforço que se iniciou. Não se pode transigir. Punições firmes e proporcionais às faltas praticadas são o único desfecho que os cidadãos brasileiros aceitam. Isso só não basta. Já vivemos outras crises e houve punições. As graves distorções nas práticas e procedimentos, hoje tornadas amplamente públicas, não são de agora. Mas a atual crise está permitindo enxergá-las de maneira crua e direta.

Nunca apareceu tão claramente a necessidade de uma reconstrução republicana, com mudanças profundas em nossas instituições políticas. Essa reconstrução precisa alcançar, num esforço pela prevalência absoluta da ética, todas as práticas sociais.

É fundamental, desta vez, refundar nossos sistemas político e eleitoral. Temos que atacar as origens dos desvios e evitar a repetição desses vícios nas eleições gerais de 2006.

Não basta, no entanto, que a responsabilidade por tal refundação institucional fique restrita aos membros de um Congresso tão fortemente atingido. É essencial que toda a sociedade se engaje.

É imprescindível a união de todos contra a impunidade e pela ética, e por uma reforma política que garanta a plenitude do processo democrático e a moralidade nas eleições.

MOVIMENTOS DE PROTESTO DE JUNHO DE 2013

O Movimento Passe Livre, em junho de 2013, iniciou um grande protesto contra o aumento da tarifa de ônibus pela Prefeitura de São Paulo, obtendo sucesso, porque o poder público municipal voltou atrás, cancelando o aumento.

Mas os estudantes, ao iniciarem o movimento na Avenida Paulista, acabaram despertando a população em São Paulo e no Brasil com manifestações que levaram para as ruas milhões de pessoas, forçando os governos, em todos os níveis, a reabrir as discussões em torno de gravíssimos problemas, como educação, saúde, segurança pública e transporte de massa, que apresentam sérias deficiências no atendimento da população, principalmente quando o consumidor dos serviços públicos são as populações marginalizadas.

Durante as manifestações, é verdade que houve excessos, provocados por vândalos que precisam ser punidos e, também, lamentáveis excessos, por parte da polícia, agindo com incrível brutalidade e violência.

---

*Artigo inédito, escrito entre o final de junho e o início de agosto de 2013.

O exemplo mais chocante se deu em São Paulo, no dia 13 de junho, quando, numa manifestação que reuniu milhares de estudantes e a população em geral, os mesmos foram covardemente agredidos pela tropa de choque, que prendeu arbitrariamente centenas de pessoas, entre elas sete jornalistas de diversos órgãos de imprensa, um dos quais perdeu a visão, sendo que uma jornalista da *Folha de S. Paulo* ficou gravemente ferida. O que foi lamentável, neste caso, foi a circunstância de que os jornalistas simplesmente estavam exercendo a profissão e cobrindo os acontecimentos.

Numa democracia é inconcebível que a polícia, que tem por função a defesa da ordem constitucional, se porte com extrema violência, por maiores que sejam as provocações dos manifestantes.

A fatídica ação desse dia acabou acirrando os ânimos, provocando reações descontroladas.

Essas agressões contra a liberdade de imprensa e o estado democrático de direito não podem ser toleradas e seus autores precisam ser, exemplarmente, punidos.

Essas violências não ocorreram só em São Paulo, e recolocam em discussão o grave problema da segurança pública e a necessidade de se construir uma nova política relativa ao tema, que respeite o cidadão e faça com que o policial aja como um verdadeiro guardião da Constituição.

Por outro lado, a conduta policial mostra o absoluto despreparo da polícia para agir no controle de grandes manifestações públicas.

Finalmente, é importante destacar o papel de vanguarda da juventude que, mais uma vez, liderou os protestos e acabou envolvendo toda a sociedade brasileira, dando uma aula de democracia e cidadania.

Aliás, os estudantes com seu movimento de protesto, reafirmam uma longa tradição de inconformismo que vem desde a luta contra a escravidão pelos estudantes de direito, passando pela oposição à ditadura Vargas e à ditadura militar, pela defesa das causas da justiça e da democracia.

Os jovens tiveram a sua luta reforçada pela visita do Papa Francisco ao Brasil neste ano, quando se realizou a Jornada Mundial da Juventude, que serviu para arejar, renovar e revigorar o catolicismo brasileiro, resgatando ideias defendidas pela Teologia da Libertação.

Além disso, os protestos foram pacíficos, o que confirma o caráter solidário e de justiça do povo brasileiro.

Espera-se que os governos e os partidos políticos aprendam a lição e colaborem para a construção de um país mais justo.

Observação: Por ser oportuno, transcrevemos os 15 pontos da reforma política e eleitoral proposta pelo Pensamento Nacional das Bases Empresariais no dia 2 de agosto de 2013, em mesa-redonda realizada na Faculdade de Direito da Universidade de São Paulo, na Sala do Estudante, quando foi discutida a reforma política com a presença da deputada federal Luiza Erundina e dos jornalistas Luiz Nassif e Fernão Lara Mesquita. As propostas referem-se a muitas das questões discutidas naquele movimento e aos problemas de corrupção que já abordamos:

1 – Redução a dois senadores por estado, como tínhamos antes da criação dos senadores biônicos no Governo Geisel, e fim dos suplentes.

2 – Fidelidade Partidária, estabelecendo que o congressista, ao mudar de partido, perca o mandato, obrigando à divulgação do nome do partido em todos os materiais e proibindo coligações nas eleições proporcionais.

3 – Separação dos Poderes, proibindo deputados, senadores e membros do Judiciário ou do Ministério Público de assumir cargos no Executivo, a menos que renunciem a seus mandatos.

4 – Separação do ano das eleições para o Executivo e o Legislativo e fim da obrigatoriedade de todos os estados terem a mesma regra (até 1964 existiram mandatos estaduais de 4 ou de 5 anos).

5 – Voto Distrital Misto, aproximando eleito do eleitor, fortalecendo os partidos e reduzindo a importância do corporativismo.

6 – Fim dos privilégios, com o cumprimento da norma básica da nossa Constituição "Todos são iguais perante a lei", eliminando as diferenças hoje existentes na aposentadoria, na prisão especial, nos vencimentos, no uso de veículos oficiais, no tratamento de saúde etc.

7 – Aumento da transparência no financiamento das campanhas, estabelecendo regras mais adequadas para o financiamento público (Fundo Partidário e tempo nas emissoras) e para obtenção de recursos privados, com obrigatoriedade de divulgação dos balancetes com origem e uso na internet.

8 – Proporcionalidade, de acordo com a norma democrática de um eleitor, um voto, para a Câmara dos Deputados, reduzindo para o mínimo de um, ou no máximo dois, a representação dos estados menos populosos, que hoje é de oito e gera uma super-representação dos Estados criados mais recentemente, em troca da sub-representação de outros.

9 – Cláusula de barreira por nível (municipal, estadual e federal), estabelecendo porcentagem mínima de votos para vereador, deputado estadual e deputado federal para que o partido tenha acesso ao Fundo Partidário, ao tempo gratuito nas emissoras e à representação.

10 – Criação de uma nova entidade administrativa, a vila, com custos menores do que o município.

11 – Proibição de remuneração aos vereadores dos municípios com uso dos recursos dos Fundos de Participação (só terão vereadores pagos os municípios com renda própria suficiente para fazê-lo e o valor não pode superar o salário do professor municipal).

12 – Profissionalização da administração pública, com entrada para o cargo desejado por concurso ou seleção por órgão independente, com promoção apenas por avaliação de mérito.

13 – Redução ao mínimo de cargos de livre nomeação em todos os níveis da administração pública nos três poderes.

14 – Democratização dos partidos, com o estabelecimento de regras que estimulem e garantam maior participação dos filiados, proibição de reeleições sucessivas, eleições diretas para a direção.

15 – Estabelecimento do voto facultativo depois de um período razoável para consolidação das medidas anteriores.

CARTA À REPÚBLICA

Em 15 de novembro de 2005 a República comemora 116 anos, passando pela mais grave crise de sua história.

Nunca no passado houve um momento tão delicado. As crises de 1922, de 1930, de 1945, de 1961, de 1964 e de 1990, não se compararam pela gravidade e pela extensão com o atual momento histórico. Todos os valores republicanos da ética, dignidade da função pública e parlamentar, probidade administrativa, independência do Congresso, foram gravemente afetados.

Uma mancha de corrupção cobre as instituições políticas do país. O parlamento está com sua dignidade ferida. A crise não é apenas dos homens, é maior: é das instituições.

É hora de reagir. Não podemos permanecer calados.

As instituições políticas do país estão sendo duramente atingidas. Congresso, Executivo, partidos, todos, em alguma medida, estão comprometidos. É imprescindível uma investigação séria, irrestrita e cora-

---

Artigo inédito, escrito em 15 de novembro de 2005.

josa. Não se pode transigir. Punições firmes e proporcionais às faltas praticadas são o único desfecho que os cidadãos brasileiros aceitam.

Isso só não basta. Já vivemos outras crises e já houve punições. As graves distorções nas práticas e procedimentos, hoje tornadas amplamente públicas, não são de agora. Mas a atual crise está permitindo desvelá-las de maneira crua e direta. Nunca apareceu tão claramente a necessidade de uma reconstrução republicana com mudanças profundas em nossas instituições políticas. Esta reconstrução precisa alcançar, num esforço pela prevalência absoluta da ética, todas as práticas sociais.

É fundamental, desta vez, refundar nossos sistemas político e eleitoral. Temos que atacar as origens dos desvios. Não se pode repetir os vícios nas eleições de 2006.

Será necessário solicitar ao Superior Tribunal Eleitoral a análise de medidas que essa Corte poderá tomar, com vistas às próximas eleições, sem necessidade de autorizações legislativas, visando minimizar e superar as atuais distorções do processo eleitoral.

Neste sentido, queremos apoiar propostas formuladas pelo movimento Da Indignação à Ação quando sugerem, entre outras, as seguintes medidas:

1- Com o intuito de reduzir os custos da campanha, 70% do horário eleitoral deverá ser dedicado a debates entre os candidatos, sendo que o restante será destinado a cenas externas e de estúdio;

2- Fechamento dos comitês eleitorais 3 dias antes das eleições;

3- Audiências públicas para a prestação de contas dos candidatos majoritários, abertas à população;

4- Realização de convênio entre os Tribunais de Contas dos Estados e o Tribunal de Contas da União e o TSE, para que seus auditores e técnicos em contabilidade auxiliem no controle das contas da campanha;

5- Criação de Disque-Denúncias nos Tribunais Regionais Eleitorais;

6- Dotar a Justiça Eleitoral de recursos financeiros para que possa realizar uma fiscalização mais efetiva.

Ao realizarmos em setembro, na Sala do Estudante da Faculdade de Direito, um ato público, queríamos sinalizar o inconformismo da sociedade brasileira e lembrar que daqui partiram quase todos os grandes movimentos cívicos e democráticos da nação.

Em 26 de outubro entregamos ao presidente da Câmara dos Deputados, deputado Aldo Rebelo, um abaixo-assinado com 230.000 assinaturas pedindo a completa apuração dos fatos e a punição de todos os responsáveis pelo escândalo de corrupção sistêmica que abalou a nação.

Precisamos também corrigir urgentemente injustiças seculares que marginalizam um terço da população que vive na pobreza, no analfabetismo, no desemprego e no desespero de uma vida sem paz e sem futuro.

Os fatos narrados põem a nu um sistema político falido e minado pelo poder econômico de corporações e gente, sem escrúpulo, interessadas, unicamente, num jogo de poder, com um despudor sem paralelo.

Agora, de um só golpe, desmoralizaram o Congresso, atingiram o Executivo e a crise ameaça as instituições democráticas.

Como diz o eminente professor Goffredo da Silva Teles:

> *"O que nos infelicita ver, entranhado nos tecidos dos poderes o vírus da insensibilidade moral, da improbidade, até da corrupção. O que nos repugna é presenciar, por toda a parte, um insidioso clima de perdição; é a degringolada ética da vontade política. Mas, em nossos corações inconformados, há uma incontida indignação, uma revolta incontrolável – uma onda decidida de oposição e de amor por nossa terra. E há uma convicção; a de que é preciso mudar o Brasil".*

Quando a desesperança e a angústia tomam conta do país, a punição dos responsáveis pelos desmandos denunciados e o aperfeiçoamento das instituições democráticas poderão pavimentar a construção de uma nova nação, onde o governo e o Parlamento respeitem os valores republicanos, com instituições mais sólidas e transparentes, que tornem difícil a ocorrência de desmandos como estamos assistindo, estupefatos e estarrecidos.

Finalmente, queremos que a República volte a respeitar os princípios éticos daqueles que a construíram, com democracia social e justiça para todo o povo brasileiro.

SERVIÇO PÚBLICO E DEMOCRACIA

A reforma da Previdência tem servido para ataques e soluções profundamente injustas para o servidor e o serviço público.

Para os críticos apressados e desinformados e para os demagogos e oportunistas de plantão seria importante lembrarmos alguns princípios basilares do estado democrático de direito e da importância do servidor para a defesa da cidadania e da democracia (conferir artigo 37 da Constituição Federal).

Getúlio Vargas, logo depois da Revolução de 1930, entre seus méritos, carrega a decisão política de criar o DASP (Departamento de Administração e de Serviço Público), que, pela primeira vez, tentou normatizar o serviço público, criando carreiras e estabelecendo concursos públicos, para acabar com o nepotismo do Estado brasileiro.

A partir de 1990, o presidente Collor, a pretexto de combater os marajás, iniciou uma campanha de desmoralização e desmonte do serviço público com grave prejuízo para a população, com o desmanche

---

Artigo publicado originalmente na *Folha de S. Paulo*, em 24 de junho de 2003.

da administração pública. O final todos conhecemos, com o caçador de marajás sendo cassado pelo Congresso.

Para os esquecidos de hoje, é bom lembrar que o serviço público federal, estadual e municipal apresenta várias áreas de excelência, desde a universidade e a escola pública, formando profissionais de alto padrão, até os institutos de pesquisa que lutam permanentemente com a falta de recursos e apoio. Quem não se lembra, com saudades, do Caetano de Campos e do Colégio Roosevelt em São Paulo, do Colégio Pedro II e da Fundação Oswaldo Cruz no Rio de Janeiro, do Instituto Rio Branco, entre dezenas de áreas de excelência na formação de cientistas, professores, magistrados e diplomatas, além de outras carreiras? E, na área militar, o ITA (Instituto Técnico da Aeronáutica) e o Instituto de Engenharia do Exército, entre outros.

Agora, com o agravamento da crise econômica, pretende-se gerar receita, penalizando o funcionalismo público como se ele fosse o responsável pela falência do modelo econômico que, ao longo dos anos, sempre privilegiou o capital financeiro especulativo.

Fala-se em teto, com redução de vencimentos, taxação de inativos, fim do direito do servidor de se aposentar com o salário integral e por aí afora, com os áulicos batendo palmas para o funeral do servidor.

Há anos sem aumento ou reposição salarial, com exceção de poucas carreiras, em flagrante desrespeito ao artigo 37 inciso X da Constituição Federal, ninguém se lembra dos policiais que arriscam a vida no dia a dia no combate à criminalidade violenta, dos juízes e promotores de justiça ameaçados ou mortos no exercício de suas funções, dos diplomatas que se arriscam em regiões de conflito, dos pesquisadores que recebem salários indecentes, dos médicos que precisam ter vários empregos para sobreviver e dos professores sempre esquecidos, com vencimentos incompatíveis com a relevância de suas funções.

Ninguém fala e há um silêncio constrangedor com o desaparecimento do dinheiro que o servidor de São Paulo recolheu durante mais de 50 anos para o IPESP (Instituto de Aposentadorias e Pensões do Servidor Público), cujo rombo atinge bilhões de reais, história que se repete na União com os sonegadores do INSS e com o dinheiro desviado dos antigos institutos de aposentadorias por categorias, usado em obras públicas. Com os recursos dos institutos, construíram-se estradas, escolas, postos de saúde e a nova capital, e esse dinheiro desviado nunca voltou para a previdência pública. Todos se esquecem dos sonegadores e dos bancos que cobram juros imorais e campeões em todo o mundo, que, junto com os ladrões do dinheiro público e o crime organizado, são os grandes responsáveis pelo desastre econômico da miséria e do desemprego!

E, fechando os olhos para a história e para a realidade, o governo embarca num caminho extremamente perigoso.

Se a Previdência precisa ser reformada, se a conta atuarial não fecha, a correção precisa ser feita às custas dos responsáveis pelo descalabro e não pela supressão de direitos inalienáveis dos funcionários.

Se houve excessos e abusos por parte de uns poucos servidores com salários milionários às custas de incorporações e dobradinhas escandalosas, a culpa cabe ao Legislativo, que permitiu esses desvios, e não à imensa e honrada classe dos servidores. A reforma é necessária, mas ninguém aceita o esbulho de seus direitos.

Presidente Lula, V.Exa., que é um trabalhador e um líder sindical, não pode renegar as suas origens e dar ouvidos àqueles que só sabem dizer "Sim, Senhor". Ouça a voz e siga o exemplo de Getúlio Vargas, revalorizando e dignificando o serviço público, base fundamental de um moderno e justo estado de direito.

Por derradeiro, é importante que o Congresso cumpra sua função com independência e altivez, expurgando o projeto de vícios de constitucionalidade, como, por exemplo, a taxação de inativos, a redução de vencimentos, a violação do princípio de independência dos poderes da República, entre outros, não esquecendo, o deputado e senador, que o mandato é do eleitor, que não perdoa os que traem a vontade do povo e se curvam às pressões inaceitáveis.

Entretanto, nunca devemos nos esquecer de que não há estado democrático de direito sem um bom serviço público.

Se o pior acontecer, só nos restam o recurso ao Judiciário e à arma do voto, para punir aqueles que fraudaram a esperança do povo brasileiro.

SOCIEDADE INDIGNADA

A crise política provocada por uma gravação nos Correios e pela denúncia do deputado Roberto Jefferson deixou a sociedade brasileira indignada, perplexa e em estado de choque.

Pouco importam as motivações do deputado, até então um parceiro do governo, porque suas acusações narram fatos, com dia, hora, local e personagens, de um vastíssimo esquema de corrupção envolvendo partidos políticos, a Câmara dos Deputados e o Poder Executivo com a compra sistemática de votos de parlamentares para apoiarem projetos do governo.

Aos poucos e de forma assustadora, os fatos começaram a ser comprovados pelo testemunho de deputados, ministros, secretárias, diretora financeira, arapongas, presidentes de partidos, dirigentes partidários, deixando o povo descrente e desiludido com a classe política.

Na história republicana recente, nem o *impeachment* de Collor, o suicídio de Vargas, a renúncia de Jânio ou a deposição de Jango se equiparam em gravidade ao que está sendo revelado a cada dia, como num filme de terror, em episódios sucessivos que se suplantam na descoberta de fatos horripilantes.

De um só golpe, jogaram-se na lata do lixo os princípios do artigo 37 da Constituição Federal da legalidade, da impessoalidade e moralidade da administração pública no Poder Executivo, com uma sucessão, sem precedentes, de escândalos administrativos.

Além das testemunhas, começam a surgir os documentos incriminadores, como o relatório do COAF, os extratos bancários e contratos de empréstimos feitos por um partido político com o aval de um publicitário de nome Marcos Valério, que, segundo o deputado Jefferson, seria o operador de um sistema de corrupção denominado mensalão, representado pelo pagamento de propina a parlamentares e que também se beneficiaria de contratos milionários com órgãos públicos.

E tudo anotado na agenda indiscreta da secretária Karina (voos, hotéis, salas do Planalto e restaurantes), confirmado pela agenda oficial de um ministro, como num filme de suspense, em que aos poucos se vai desvendando todo um cenário tenebroso.

Com o passar dos dias e o surgimento de novas provas, a metástase política se alastra e cruza o Atlântico, de modo assustador, atingindo empresas e o governo português, sempre com a presença do operador Marcos Valério.

Os fatos narrados põem a nu um sistema político falido e minado pelo poder econômico de corporações e gente, sem escrúpulos, interessada unicamente num jogo de poder, com um despudor, sem paralelo.

O governo já tinha tido o aviso do caso Waldomiro, que preferiu abafar sem uma apuração concludente.

Agora, de um só golpe, desmoralizaram o Congresso, atingiram o Executivo e a crise ameaça as instituições democráticas.

A CPI dos Correios e as demais investigações parlamentares, policiais e do Ministério Público precisam apurar em toda a extensão os fatos, punindo-se os culpados, e os partidos acusados devem depurar seus quadros ou, então, mais cedo ou mais tarde, uma onda de revolta popular poderá levar a grave crise institucional.

A ação do deputado Roberto Jefferson acabou prestando um serviço ao país ao colocar na mídia escrita e televisada a podridão de um sistema político excludente do povo e a serviço de uma elite corrupta.

Neste grave contexto nacional, o instituto da ouvidoria nos três poderes e uma Ouvidoria Geral, autônoma e independente e devidamente instalada, poderiam ter servido de antídoto, advertindo os governantes da tempestade que se aproximava, adotando-se medidas preventivas e saneadoras.

O presidente da República, que tem um passado de compromisso com as causas sociais e populares, precisa lancetar o tumor, cortando na própria carne, como já disse, ou então seu governo terminará melancolicamente, frustrando a esperança dos deserdados e sem voz, que tinham uma expectativa de novos tempos.

Apesar de tudo e do desalento momentâneo da sociedade, a luta continua em favor da apuração das responsabilidades e da construção de um sistema político que elimine de vez essas mazelas, agindo o presidente da República como magistrado e chefe político de todos os brasileiros.

E nós, ouvidores públicos e privados, comprometidos com a defesa da cidadania e da probidade administrativa, temos que unir nossas vozes exigindo a punição dos culpados e uma ampla reforma política que preserve a República e as instituições democráticas.

Entre outras medidas fundamentais, dever-se-ia aproveitar o momento histórico para se adotar:

1- voto distrital misto;

2- fidelidade partidária;

3- proibição da reeleição;

4- financiamento público de campanha;

5- crime de responsabilidade para prefeitos;

6- impossibilidade de o parlamentar renunciar para evitar a cassação de mandato;

7- criação do instituto da ouvidoria na Constituição;

8- abertura obrigatória do sigilo fiscal e bancário dos ocupantes de cargos públicos e mandatos parlamentares;

9- proibição de campanhas milionárias na televisão, equalizando os programas eleitorais.

Quando a desesperança e a angústia tomam conta do país, a luta pelo fortalecimento das ouvidorias, a punição dos responsáveis pelo desmando denunciado e o aperfeiçoamento das instituições democráticas poderão pavimentar a construção de uma nova nação com instituições mais sólidas e transparentes, que torne difícil a ocorrência de desmandos como estamos assistindo estupefatos e estarrecidos.

Observação: A CPI dos Correios acabou se transformando no processo do mensalão, como denúncia do procurador-geral da República contra vários e importantes líderes políticos e empresários, que, afinal, em 2013, foram condenados pelo Supremo Tribunal Federal.

O CARÁTER SOCIAL DA EMPRESA

O Brasil está mudando e, para que esta mudança produza resultados, precisa alterar a sua estrutura social, política e econômica, desigual e injusta.

A empresa deixou de ser uma ilha voltada para si própria e cada vez mais tem um papel transformador da sociedade, objetivando a construção de uma outra realidade social.

A sua participação no desenvolvimento social é tão importante quanto a do Estado.

A nova marca da empresa é a responsabilidade social, voltada para a construção de um mercado de cidadãos, sujeitos de direitos e obrigações e não de párias, marginalizados do processo social.

Sua empresa e você podem e devem intervir na comunidade, tornando-a mais humana e justa e associando sua marca ao nascimento de

---

Texto que nos parece muito atual, elaborado para um *folder* juntamente com Edson Vismona, quando tentamos criar uma empresa de consultoria, assessoria, planejamento social e segurança. O projeto infelizmente não avançou, mas deixou ideias que merecem ser publicadas, para meditação, como a criação de empresa com forte conotação social.

um novo país, com muito mais justiça, desenvolvimento, progresso e cidadania, eliminando a miséria que nos envergonha e mostrando que, numa sociedade democrática, o papel da empresa é de fundamental importância.

Dependendo da situação, ela pode ser atriz, indutora, parceira ou estimuladora de grandes transformações.

Pequenos gestos e atitudes podem ser o começo de uma grande mudança.

Não se omita e veja o que sua empresa pode fazer para transformar e melhorar o país.

A função social da empresa é uma das características da modernidade e uma das marcas do novo milênio.

Para que esses ideais se concretizem, há necessidade de conhecer melhor a sua empresa, as suas potencialidades, os empregados que a compõem, os seus clientes, o universo em que ela atua e ter um planejamento estratégico, com objetivos e metas definidas, e escolher as áreas de atuação social possíveis. Nós podemos ajudar sua empresa a se aproximar desse novo caminho.

O futuro com uma nova visão social da empresa depende de você. Não se omita, marque a sua presença nos novos tempos, aposte nas grandes transformações sociais que virão, participe delas, seja um ator e não mero espectador.

A sua empresa e a sociedade brasileira agradecem.

OS NOVOS PAPÉIS DO MINISTÉRIO PÚBLICO

Depois da Constituição de 1988, houve um grande crescimento das funções do Ministério Público, deixando o promotor de justiça o papel de procurador do rei para assumir uma posição de defesa da sociedade e do estado democrático de direito.

O antigo promotor criminal, de direito de família e de incapazes passou a exercer funções importantíssimas de controle da moralidade administrativa, através das ações civis públicas, de defesa do meio ambiente, dos deficientes físicos e de controle da atividade policial. Isto sem falar da fiscalização e guarda dos preceitos constitucionais.

Igualmente, outro fator de grande aprimoramento da instituição foi o processo de escolha do procurador-geral que, de livre nomeação na República Velha, passou a ter a nomeação vinculada a um membro da carreira, conquista para a qual o Ministério Público de São Paulo teve grande relevância. E depois a lista tríplice e o mandato do chefe da instituição, que passou a dar grande independência à carreira, culminando com a autonomia administrativa e financeira, que coroou o seu processo de aperfeiçoamento.

Não se deve esquecer do papel relevante da instituição na defesa da criança e do adolescente, que foi extraordinariamente alargada com a edição do Estatuto da Criança e do Adolescente.

O membro da instituição transformou-se num verdadeiro defensor dos interesses do povo e dos direitos humanos, sem vinculação político-partidária e dando voz àqueles que não a têm.

É claro que o alargamento de suas atribuições despertou ciúmes corporativos e ataques muito mais às suas qualidades que a eventuais excessos e abusos, que sempre podem e devem ser punidos.

Neste quadro, a instituição do Ministério Público Federal e do procurador-geral da República se destacou, sobremaneira, no processo do mensalão, quando grandes interesses políticos, ligados à endêmica corrupção do Estado brasileiro, se uniram para atacar a instituição e a possibilidade de que investigasse fatos criminosos, fora da investigação policial tradicional, representada pelo inquérito policial.

Essa posição independente do Ministério Público foi acompanhada pelo Supremo Tribunal Federal, sendo que ambos passaram a ser atacados mais pelas suas qualidades do que eventuais defeitos.

Este ataque à instituição hoje se consubstancia na PEC 37, que pretende dar o monopólio da investigação criminal à polícia, impedindo que o Ministério Público possa fazê-lo em circunstâncias especiais, como nos grandes escândalos de corrupção ou nos casos de tortura e violência que foram desvendados graças à ação intimorata de promotores de justiça ou de deputados nas Comissões Parlamentares de Inquérito, ou ainda pelas Comissões de Direitos Humanos da OAB e pelo Conselho de Defesa dos Direitos Humanos do Ministério da Justiça.

Realmente, é incompreensível a limitação que se pretende impor à ação dos promotores e que tem sido objeto de forte reação das Associações do Ministério Público e das Procuradorias Gerais, contando com o amplo apoio da sociedade, que não compactua com a impunidade nos delitos praticados por maus policiais ou nos escândalos administrativos.

Nunca é demais lembrarmos as investigações do Esquadrão da Morte, em São Paulo, na década de 1970, e do crime organizado no Espírito Santo, no fim da década de 1990 e, novamente, dos Esquadrões no Rio de Janeiro, que somente foram possíveis graças ao trabalho dos promotores fora do inquérito policial ou das Comissões Parlamentares de Inquérito.

No caso de São Paulo, é importante lembrar-se de que todo o trabalho de investigação foi feito na Vara da Corregedoria da Polícia, com a participação do juiz Nelson Fonseca e da equipe de promotores chefiada pelo procurador de justiça Hélio Bicudo, que redundou na condenação de vários policiais.

Esses novos papéis e funções somente foram obtidos através de uma grande mobilização da sociedade e de uma luta, sem tréguas, de promotores idealistas e corajosos, em busca de um país mais justo e sem corrupção.

Finalizando, podemos afirmar que não existirá sociedade, realmente democrática, sem um Ministério Público forte e independente, incumbido de zelar pela efetiva observância da lei e da Constituição, condição indispensável para que o Poder Judiciário seja soberano e para que o sistema de justiça funcione eficazmente.

Esses anos de luta não foram em vão e tiveram o seu coroamento na Constituição Cidadã de 1988, pois o Ministério Público só tem condições de pleno desenvolvimento no regime democrático.

O MINISTÉRIO PÚBLICO PODE FAZER INVESTIGAÇÃO CRIMINAL?

Após o início da discussão sobre a PEC 37 no Congresso Nacional, que torna a investigação policial exclusividade da Polícia Civil, iniciou-se no país um grande debate com um viés corporativo.

Há os que defendem que essas investigações sejam feitas exclusivamente pela Polícia Civil, no âmbito do inquérito policial e, em polo oposto, situam-se os que advogam a possibilidade de o Ministério Público realizar as investigações que sejam necessárias.

A Constituição Federal, em seu artigo 144, defere à Polícia Judiciária a direção do inquérito, sob a presidência de um delegado de polícia, mas não lhe dá o monopólio da investigação.

Por outro lado, o artigo 129 da mesma constituição atribuiu ao Ministério Público o exercício da ação penal e o controle externo da atividade policial, sendo que o Código de Processo Penal de 1941, em seu artigo 47, dispõe que "se a Promotoria julgar necessários maiores

---

Artigo publicado originalmente no *Jornal do Advogado*, de fevereiro de 2013.

esclarecimentos e documentos complementares deverá requisitá-los diretamente de quaisquer autoridades ou funcionários que devam ou possam fornecê-los", ou seja, permite que o Ministério Público realize investigações e reúna documentos num procedimento criminal.

Além disso, o princípio básico do processo penal é a descoberta da verdade real e, na sua busca, o promotor pode realizar todas as diligências que forem necessárias.

Na verdade, o que a Constituição não proíbe e o estatuto processual penal e as Leis Orgânicas Nacionais e Estaduais do Ministério Público permitem é o direito da Promotoria de coletar provas fora do inquérito para elucidar o crime.

As investigações fora do inquérito policial e com consequências criminais são inúmeras no Brasil.

Iremos apontar algumas delas, como o recentíssimo caso do mensalão, no Supremo Tribunal Federal, quando autoridades públicas, legisladores e parlamentares foram investigados e afinal condenados.

Além disso, as Corregedorias da Polícia Judiciária, rotineiramente, procedem a investigações, algumas famosas, como no caso do Esquadrão da Morte em São Paulo, quando 200 criminosos foram sumariamente executados pela polícia e, graças à atuação do procurador de justiça Hélio Bicudo e do juiz corregedor Nelson Fonseca, os fatos foram apurados e vários réus, condenados.

Não podemos ainda nos esquecer de que existem inúmeros outros órgãos governamentais que procedem a investigações com consequências criminais, como os Tribunais de Contas, a Controladoria Geral da União, o Banco Central, a COAF, a Comissão de Valores Mobiliários, entre outros.

Isto sem falar das Comissões Parlamentares de Inquérito, disciplinadas no artigo 58 da Constituição Federal, que têm prestado relevantes serviços à moralização dos costumes administrativos no país.

Por derradeiro, nunca é demais lembrar a atuação das Comissões de Direitos Humanos da Ordem dos Advogados, seja a federal, sejam as estaduais, bem como a Comissão de Direitos Humanos do Ministério da Justiça, que, entre outras investigações, conseguiu desbaratar com sucesso o Esquadrão da Morte no Espírito Santo.

Com relação à Ordem dos Advogados de São Paulo, é importante destacar a sua atuação no caso do Massacre do Carandiru, quando 111 presos foram fuzilados pela Polícia Militar em 1992. Nessa época, o presidente dr. José Roberto Batochio instituiu uma Comissão Especial e esta Comissão, juntamente com uma Comissão constituída no Ministério da Justiça, composta pelo presidente do Conselho Federal da Ordem, dr. Marcelo Lavenère Machado, pelo procurador-geral da República, dr. Aristides Junqueira, pelo jornalista Carlos Chagas, com a assessoria especial de João Benedicto de Azevedo Marques, realizaram uma profunda investigação, que teve uma audiência pública no salão nobre da Ordem. Ao final dos trabalhos, foram solicitadas providências criminais à Procuradoria Geral de Justiça e civis à Procuradoria Geral do Estado, para indenização das vítimas, bem como comunicação a organismos internacionais.

Ou seja, a Ordem dos Advogados do Brasil e as subseções estaduais, através de suas Comissões de Direitos Humanos, sempre atuaram quando ocorreram violações dos mesmos, realizando inúmeras investigações e nunca ninguém pensou em pedir a anulação dessas apurações, porque não foram realizadas no âmbito do inquérito policial.

Como se vê, não é só a polícia que investiga, e certos delitos como a tortura, os crimes contra a administração pública e determinados crimes em que há envolvimento de policiais devem ser objetos de investigação de outros organismos, como já demonstramos.

Não se compreende que crimes graves de corrupção contra a administração pública e delitos violentos cometidos por policiais com o uso da tortura não possam ser objetos de investigação por parte do Ministério Público, quando há omissão ou conivência por parte do aparelho policial.

Se abusos são cometidos por membros do Ministério Público, eles devem ser punidos severamente, pois há previsão legal para tanto, mas nunca se deve impedir a investigação, sob pena de se permitir a impunidade.

Observação: A PEC 37 foi rejeitada pelo Congresso por 430 votos a 9, em sessão histórica no mês de junho de 2013.

QUEM QUER CALAR O MINISTÉRIO PÚBLICO?

O país assiste bestificado a um debate corporativo e kafkiano sobre quem pode fazer e quem manda na investigação criminal. O Parlamento discute a PEC 37, que torna a investigação policial exclusividade da Polícia Civil.

Paralelamente, a criminalidade aumenta, torna-se mais violenta e o crime organizado avança, contaminando as estruturas estatais, atingindo o Executivo, Judiciário e Legislativo. A pergunta que poucos fazem é sobre a eficiência e competência do Estado no combate à criminalidade.

Há aqueles que defendem o fim dessas investigações, para gáudio dos criminosos, e, em polo oposto, situam-se os que advogam a possibilidade de o Ministério Público realizar ou assumir a investigação criminal. Ninguém fala em melhorar a qualidade, a rapidez e a eficiência do inquérito, dando-se melhores salários e garantias ao delegado de polícia.

Artigo publicado originalmente na *Folha de S. Paulo*, em 23 de junho de 2012.

Ora, a Constituição é clara no seu artigo 144, deferindo à Polícia Judiciária a direção do inquérito policial, sob a presidência de um delegado de polícia.

Por outro lado, a mesma Constituição, no seu artigo 129, atribui ao Ministério Público o exercício soberano da ação penal pública e o controle externo da atividade policial, sendo que o Código de Processo Penal permite que a Promotoria ofereça denúncia sem o inquérito, ou seja, que realize investigações colhendo documentos para o início da ação penal.

Na verdade, o que a Constituição não proíbe e o estatuto processual penal e as Leis Orgânicas Nacionais e Estaduais do Ministério Público permitem é o direito da Promotoria de coletar provas fora do inquérito para elucidar o crime.

Em alguns casos famosos e históricos, como no episódio do Esquadrão da Morte, se não fora a ação de promotores destemidos, sob o comando de Hélio Bicudo, em plena ditadura militar, os crimes da polícia teriam permanecido impunes.

E quais eram aqueles crimes? Iam desde o homicídio qualificado até o tráfico de entorpecentes, sob o comando do lendário delegado Fleury. Não esqueçamos que mais de 200 pessoas foram mortas e a matança só foi interrompida graças às investigações criminais feitas pelos promotores com o inestimável apoio do juiz corregedor dos presídios e da Polícia Judiciária, Nelson Fonseca.

No Espírito Santo, igualmente, o Esquadrão da Morte e o crime organizado na década de 1990 começaram a ser desbaratados graças a uma denúncia feita pelo desembargador corregedor-geral da justiça ao Conselho de Defesa dos Direitos da Pessoa Humana do Ministério da Justiça, que fez as investigações e diligências e conseguiu apurar as responsabilidades. Igualmente, a COAF, a Receita Federal e a Previdência Social realizaram investigações que têm esclarecido crimes contra a administração pública.

Como se vê, a polícia tem o monopólio da direção do inquérito, mas não da investigação.

É verdade que ambas as instituições incomodam, como demonstram investigações recentes em São Paulo e no resto do país, realizadas pela Polícia Federal e pelos promotores, principalmente quando se aproximam dos donos do poder, mas a atuação destes destemidos funcionários deve ser objeto de aplauso e não de condenação, sendo que os abusos e excessos devem ser alvo de punição pelas Corregedorias dos organismos envolvidos, com exemplar punição dos responsáveis.

Se há abusos por parte dos membros do Ministério Público, eles devem ser punidos, estabelecendo-se, inclusive, o controle externo da instituição. Mas calar a Promotoria é solução perigosa para o país e um retrocesso que certamente o Supremo Tribunal Federal não adotaria, pois receberia os aplausos irrestritos somente da criminalidade organizada.

Observação: A PEC 37 foi rejeitada por 409 votos no Congresso, em junho de 2013, após intensa mobilização da sociedade civil.

A IMPORTÂNCIA DA OUVIDORIA NO BRASIL

A história da ouvidoria no Brasil remonta ao império português, com as ordenações do reino, que antecedem em muito àquela que foi criada na Suécia, em 1809, no Parlamento daquele país.

É verdade que no reino de Portugal, por volta de 1500, com a figura do ouvidor do rei, criava-se um funcionário, muito importante politicamente, mas que, como diziam as ordenações, "eram os olhos e os ouvidos do rei", ou seja, era uma função que existia para defender os interesses do reino e não do povo.

Já na Suécia, o instituto surgiu no Poder Legislativo, depois da Revolução Francesa, que consagrou o respeito aos direitos fundamentais do cidadão, representados pela liberdade, igualdade e fraternidade, inseridos na constituição americana e nas principais constituições do mundo ocidental. Como instituição quase bicentenária na Suécia, podemos ver, com satisfação, que ela conquistou o mundo, contribuindo decisivamente para a proteção dos direitos dos indivíduos, ampliando cada vez mais o seu campo de atuação e colaborando para a consolidação do conceito de democracia.

No Brasil, como já dissemos, a ouvidoria, até o Império, representava os interesses do rei e do imperador.

As constituições republicanas não fazem referência ao instituto da ouvidoria, mas a Constituição de 1989, chamada de Constituição Cidadã pelo grande respeito dedicado aos direitos individuais, abriu caminho para a sua institucionalização.

A primeira experiência de ouvidoria surgiu em Curitiba, em 1986, com a criação do ouvidor municipal, já dentro de uma concepção de órgão destinado a ser um canal de comunicação entre o cidadão e o Estado, na defesa dos direitos individuais do destinatário do serviço público, que é o cidadão.

Paralelamente, surgiam experiências de ombusdman na iniciativa privada, como o ombudsman do Pão de Açúcar, na pessoa de Vera Giangrande, dentro do espírito inovador do Código de Defesa do Consumidor de 1990, que criava uma nova cultura de cidadania na pessoa do cidadão consumidor.

As experiências se espalharam pela imprensa como ocorreu nos jornais *Folha do Povo* do Ceará e *Folha de S. Paulo* e, afinal, em 1995, galgamos um novo degrau representado pela criação em João Pessoa da Associação Brasileira de Ouvidores, com a participação de cerca de 25 ouvidores públicos e privados de todo o Brasil, com a finalidade de divulgar e conscientizar a sociedade e o Estado para a importância da ouvidoria.

Em 1997, a ABO criou o primeiro Código de Ética do Ouvidor, leitura obrigatória de todos nós.

Em 1999, foi criada, em São Paulo, a Lei de Defesa do Usuário no Serviço Público, para defender o interesse do cidadão e com a obrigação da criação de ouvidoria em todos os órgãos da administração direta e indireta.

Em 1995, criou-se a Ouvidoria Geral da República, dentro do Ministério da Justiça e, em 2002, o órgão passou para a jurisdição da Corregedoria Geral da União, sendo que, no Governo Federal, apesar de não existir uma lei igual à de São Paulo, diversos Ministérios e órgãos da administração direta e indireta possuem a sua ouvidoria.

É importante salientar que, no conceito sueco de ombusdman, o instituto está intimamente ligado ao desenvolvimento da democracia.

Ou seja, não se pode falar em democracia sem a figura do ombusdman ou do ouvidor. Não há democracia nem estado de direito sem o fortalecimento da ouvidoria.

No Brasil, na reunião de setembro de 2001 de Recife, decidiu-se pela necessidade da constitucionalização da ouvidoria, tornando-a uma instituição fundamental para o desenvolvimento da democracia, como ocorre na Suécia.

Hoje, segundo dados da ABO, já temos mais de 500 ouvidores no país, sendo que o instituto se espalhou pela área pública e privada.

Quais são as características fundamentais do ouvidor, seja no setor público, seja no privado? Em primeiro lugar, a sua independência, sempre que possível o mandato, a relação direta com a chefia da instituição, a defesa intransigente dos direitos do consumidor e do usuário do serviço público. Para isso, o ouvidor deve:

- Agir com autonomia;
- Proceder eticamente;

- Buscar credibilidade e confiabilidade;
- Executar suas tarefas com transparência;
- Respeitar o sigilo profissional;
- Ser imparcial;
- Adotar uma postura mais pedagógica e propositiva do que contestatória, apresentando ao cidadão seus direitos e deveres;
- Ter poder de negociação para administrar os conflitos;
- Ter representatividade tanto interna como externa;
- Ter boa comunicação e relacionamento interpessoal; e
- Possuir, sobretudo, bom senso.

A figura do ouvidor não se confunde com a empresa ou com o Estado. Ele não existe para defender a empresa ou o Estado e não é relações públicas da empresa para defender a sua imagem e seus interesses.

A razão básica de sua existência é a defesa dos interesses do cidadão e do consumidor, visando também à melhoria dos serviços prestados.

Ele também não é um algoz da empresa ou do Estado.

Ele não existe para criticar o Estado e a empresa, mas sim para, com o encaminhamento das mensagens que recebe, aprimorar os seus serviços.

Uma das grandes dificuldades para a instalação da ouvidoria diz respeito às instituições fechadas, como a área de segurança pública, o sistema penitenciário, a área da criança e do adolescente, bem como o Poder Judiciário e o Ministério Público.

Na área da segurança pública, pode-se dizer que a ouvidoria está implantada em inúmeros estados, o mesmo ocorrendo nas Febens e no sistema penitenciário.

No Poder Judiciário existem pouquíssimas experiências e no Ministério Público alguns estados já providenciaram sua instalação, o que é um grande avanço.

Já na universidade, ela se encontra razoavelmente disseminada.

A tarefa agora é definir o seu perfil e suas funções e a delimitação do papel do ouvidor, enfatizando que o mesmo não é Corregedoria ou Comissão Processante, mas tão somente tem a função de dar voz àqueles que não têm voz, de ser um canal aberto do Estado e da empresa para o cidadão e o consumidor.

Temos que trabalhar e muito para definir exatamente a nossa função, fortalecê-la, inseri-la nas constituições estaduais e federal e espalhá-la por toda a administração pública, para oxigená-la com o sangue puro da democracia.

A ouvidoria existe para defender e respeitar a dignidade da pessoa e do ser humano e, por isso, queremos encerrar com um poema de Nazim Hikmet, que diz:

> *"Não viva nesta terra*
> *como um estranho*
> *ou como um turista na natureza.*
> *Viva neste mundo*
> *como na casa de seu pai:*
> *creia no trigo, na terra, no mar,*

mas antes de tudo creia no ser humano.
Ame as nuvens, os carros, os livros,
mas antes de tudo ame o ser humano.
Sinta a tristeza do ramo que seca,
do astro que se apaga,
do animal ferido que agoniza,
mas antes de tudo
sinta a tristeza e a dor do ser humano,
Que lhe deem alegria
todos os bens da terra:
a sombra e a luz lhe deem alegria,
as quatro estações lhe deem alegria,
mas sobretudo, a mãos cheias,
lhe dê alegria o ser humano!"

Observação: em 2010, foi instalada a Ouvidoria, no Ministério Público de São Paulo, sendo que a instituição já existe em diversos estados da Federação.

DIAGNÓSTICO DA CRIMINALIDADE NO BRASIL E MEDIDAS EMERGENCIAIS NECESSÁRIAS

1. Impunidade, decorrente da existência de 250.000 mandados de prisão a serem cumpridos.

2. Impunidade em razão da demora das decisões na Justiça Criminal. Necessidade de uma pauta especial para autores de crimes graves. Não se compreende que crimes graves, como homicídios, roubos e latrocínios, levem anos para serem julgados.

3. Convite a todos os presidentes de Tribunais de Justiça, Tribunais Federais, Procuradoria Geral da República, procuradores gerais de justiça, presidentes de Subseções da OAB para se reunirem em Brasília a fim de discutir:

    a- Pauta especial para crimes hediondos;

Medidas anunciadas em reunião do Conselho Nacional de Política Criminal e Penitenciária, em 25 de janeiro de 2002, quando exercíamos a presidência do Conselho Nacional de Política Criminal e Penitenciária do Ministério da Justiça.

b- Visita de inspeção de juízes e promotores aos estabelecimentos penitenciários;

c- Conselhos de comunidade;

d- Penas alternativas.

4. Existem atualmente cerca de 80.000 presos provisórios e condenados em distritos policiais, desviando a polícia de sua função investigatória, havendo, por isso, a necessidade de se construir Centros de Detenção Provisórios para abrigar essa população. Com essa providência, a polícia deixará de cuidar de presos e poderá melhorar sensivelmente a segurança pública.

5. Introdução do interrogatório *online* para presos perigosos.

6. Aprovação pelo Congresso do projeto de lei que cria a figura do crime organizado.

7. Aumento da pena em relação a:

   a- Narcotráfico;

   b- Receptação empresarial.

8. Mudança do ECA em relação ao menor autor de infração penal considerada como crime hediondo, aumentando o prazo da medida socioeducativa até seis anos.

9. Unificação da comunicação nas polícias estaduais.

10. Valorização do policial:

a- Capacitação e treinamento;

b- Melhoria salarial.

Crime de Santo André:

a- Antecedentes;

b- Forma de execução;

c- Profissionalismo;

d- Homicídio de mando.

11. Aumento da pena do sequestro relâmpago.

12. Aumento da pena do homicídio qualificado.

13. Melhor repressão ao contrabando de armas de fogo.

MEGARREBELIÃO DE 2006 NOS PRESÍDIOS DE SÃO PAULO

Num dia de festa cívica, 13 de maio de 2006, São Paulo foi surpreendida com mais uma megarrebelião, que atingiu cerca de 70 estabelecimentos penitenciários e algumas unidades da Febem, conduzida por organizações criminosas que resolveram partir para o confronto com o Estado, depois de uma grande transferência de lideranças criminosas, matando cerca de 50 policiais militares e civis, guardas metropolitanos, agentes penitenciários e cidadãos comuns, de um modo cruel e traiçoeiro, incendiando ônibus, agências bancárias, atacando Fóruns e uma estação de Metrô.

A revolta rapidamente se espalhou para o Paraná e Mato Grosso do Sul, o que demonstrou ser um problema nacional, conforme já se viu por acontecimentos análogos no Rio e em outros estados.

Os agentes do poder público, heróis anônimos, tombaram, um após outro, no cumprimento do dever ou nos momentos de folga, sem possibilidade de reação.

Até hoje, não há pauta de reivindicações e o crime organizado pretendeu sitiar o Estado, impondo o pavor e o pânico à população.

A resposta das forças de segurança foi dura e dentro da legalidade, com a morte de dezenas de criminosos em confronto.

Na raiz dos acontecimentos trágicos está o narcotráfico, o tráfico de armas de fogo e o crime organizado, que necesssitam ser mais bem enfrentados pelo Estado, em especial pela União.

Por outro lado, a comunicação dos criminosos pelos celulares, que ainda não foram bloqueados dentro das prisões, permitiu uma rápida ação das quadrilhas, dificultando a reação do Estado.

É urgente que se bloqueiem os celulares nos presídios brasileiros, reclamo unânime dos secretários de Segurança, Administração Penitenciária e Justiça de todo o país.

Além disso, não se faz política nacional de segurança pública e penitenciária sem recursos financeiros e humanos e sem informação policial.

E, lamentavelmente, nos últimos anos, o Ministério da Justiça tem tido as suas magras verbas orçamentárias contingenciadas, para se fazer superávit primário. Isto não pode continuar.

O levante em São Paulo aponta para a necessidade de uma mais efetiva cooperação entre a União, estados e municípios, na área de segurança pública e prisional.

Basta ver que, em São Paulo, nos últimos 12 anos, construíram-se mais de 80 unidades prisionais, sendo que 80% dos recursos foram do estado de São Paulo, que possui mais de 50% da população penitenciária de todo o país.

Deve-se notar também que a criminalidade não se combate só com polícia, mas é indispensável o desenvolvimento de políticas sociais preventivas, em especial na periferia, contemplando-se educação, esporte, lazer, cultura, emprego e melhor distribuição de renda.

Não devemos nos esquecer de que os autores desses bárbaros crimes, com características de atentados terroristas, que precisam ser exemplarmente punidos, são filhos de nossa sociedade desigual e desorganizada social e economicamente.

Finalizando, acima de interesses partidários, é indispensável que a União, estados, municípios, sociedade civil, juntamente com o Poder Judiciário e Ministério Público, se unam no combate frontal e sem tréguas a uma criminalidade que ameaça as instituições e o estado democrático de direito, sob pena de caminharmos para a barbárie.

COMENTÁRIOS À LEI DE EXECUÇÃO PENAL

Sr. presidente, agradecendo a oportunidade de estar aqui discorrendo sobre questão tão drástica e tão dramática, em primeiro lugar, gostaria que V. Exa. transmitisse ao presidente do Superior Tribunal de Justiça, o ilustre ministro Paulo Costa Leite, a importância de o mais alto Tribunal, em grau de recursos ordinários do país, se debruçar sobre esta questão. Isto é extremamente alvissareiro, porque a grande verdade é que as culpas estão divididas por todos, pelo Estado, na área do Executivo, pelo Judiciário, pelo Ministério Público e pelos advogados, mas era muito importante que a Justiça brasileira, por meio de seu mais alto Tribunal em grau recursal, tirando o Supremo, começasse a se preocupar de maneira efetiva sobre a questão penitenciária. Sobre esse tema, nada melhor que o nome "Verdades e Mentiras". Há muita demagogia barata em cima dessa tragédia que vivemos em nosso país, há muitas mentiras e há muitas verdades. Aqui comparecemos mais para compartilhar as nossas angústias, as nossas dúvidas e a nossa perplexidade diante da nossa realidade. É muito importante o fato de dois magistrados, de estados diferentes,

---

Conferência feita no Superior Tribunal de Justiça em 2002.

um desembargador do Rio Grande do Sul e um juiz de Brasília, começarem por fazer uma autocrítica à distância que, muitas vezes, o Judiciário e o Ministério Público têm tido em relação à questão prisional.

Especificamente com relação à reforma da Lei de Execução Penal, esta é uma legislação que encerra em si um paradoxo, por ter sido produzida durante o regime autoritário, de 1984. Apesar disso, podemos dizer, com bastante segurança, que esta é uma lei, em seus princípios básicos e gerais, extremamente democrática; é uma lei com um alto conteúdo humanístico; é uma lei extremamente respeitadora dos direitos humanos, que são direitos fundamentais em qualquer sociedade. Quanto a essa bobagem de dizer que direitos humanos é proteção de bandido, no máximo, podemos dizer que é fruto de uma desinformação, para não dizer que é fruto de má formação de pessoas que fazem este tipo de afirmação, é desconhecer que qualquer sociedade democrática só pode viver se respeitar os direitos humanos. Não nos esqueçamos de que a Declaração dos Direitos Humanos foi o coroamento do fim do combate ao nazifascismo.

Tive como companheiro o sr. George ao analisar a Lei de Execução Penal e a necessidade de algumas reformas. É muito importante que mantenhamos os sonhos, mas que não tenhamos falsas ilusões, porque um fato é indiscutível: a sociedade brasileira, hoje, convive com uma criminalidade extremamente violenta, convive com aquilo que não existia no Código Penal de 1940: o crime organizado, o narcotráfico, o crime empresarial, e o Estado brasileiro não estava preparado para enfrentar esse desafio.

O que fazer em relação à questão da pena? Nós, estudiosos do Direito Penal, devemos reconhecer que as mudanças ocorridas no sistema penitenciário da Idade Média para os dias de hoje, com o marco de Beccaria, foram relativamente muito pequenas e, se olharmos para o universo brasileiro e para o mundo inteiro em relação à pena de prisão, temos, por exemplo, no nosso país, exceção feita ao Rio Grande do Sul, a vergonha de mais de 90 mil presos depositados em delegacias policiais ou cumprindo pena, ou presos provisórios em condições indescritíveis.

É bom repetir, são figuras de retórica, mas são figuras do dia a dia, às quais, às vezes, fechamos os olhos: presos que dormem por turnos nos distritos policiais, presos que dormem amarrados às celas por falta de espaço, chamados de presos morcegos. Essa é a realidade no país inteiro.

O Estado brasileiro não tem sido competente, nas suas várias instâncias, para resolver essa questão. Começa por um princípio básico da Lei de Execução Penal, que mostra o seu acerto logo no artigo 1º, dizendo que a execução penal, fase mais importante do Direito Penal, porque é a concreção da sentença, visa à ressocialização do homem preso.

Sabemos não ser isso o que acontece, e não acontece por falha do Estado. A primeira Constituição do Império já dizia que as nossas cadeias eram limpas e asseadas, e elas continuam sujas e infectas no geral. Claro que nem tudo é ruim. Há muitas coisas boas, e é preciso que as reconheçamos.

Há estabelecimentos penitenciários que funcionam. Deve haver uma discussão séria por parte da sociedade brasileira, do Judiciário, do Ministério Público, pois não podemos, sr. Presidente continuar usando, indiscriminadamente, a pena de prisão para todo tipo de transgressão penal. Hoje, há uma superlotação – mais de 100% – dentro dos estabelecimentos prisionais brasileiros. Dentro do universo da população prisional, devemos fazer como o Evangelho: separar o joio do trigo. Temos presos cumprindo penas que deveriam receber um outro tratamento, que é o Direito Penal do futuro, o Direito Penal ensaiado na Reforma de 1984 e ampliado recentemente, que são as penas alternativas, não para qualquer delito e qualquer criminoso. Precisamos ter a coragem de reconhecer que não é possível se aplicar a pena privativa de liberdade para todo e qualquer delito, para todo e qualquer criminoso, porque isso custa muito caro ao Estado. Um preso custa, em média, em torno de 780 reais, o que, para a realidade brasileira, é um custo elevado.

Assim, dentro de uma visão de estadistas e olhando o futuro, precisamos abrigar condignamente as pessoas que estão recolhidas nos estabelecimentos penitenciários brasileiros. Precisamos acabar com a vergonha e a indecência de ver os presos cumprindo penas em distritos policiais, porque quem prende não deve tomar conta de preso. Isso é um escândalo.

Recentemente, em reunião do Conselho Nacional de Política Criminal e Penitenciária, quando se elaborou o esboço de um plano nacional penitenciário com medidas emergenciais, enfatizamos a necessidade de retirada de todos os presos que se encontram indevidamente recolhidos em delegacias policiais, em condições que já descrevi.

Gostaria de enfatizar, aproveitando o gancho dos que me antecederam, que o juiz e o promotor das execuções penais possuem um papel relevantíssimo no equacionamento da crise que estamos vivendo. Conheço os diversos estados brasileiros, porque já presidi o Conselho Nacional de Política Criminal e Penitenciária no Ministério da Justiça, e trabalhei com alguns ministros de Justiça. A respeito da crítica que o desembargador Scapini e o sr. George fizeram do descaso com a distância e a figura do juiz às execuções criminais, que tem a obrigação de fiscalizar os estabelecimentos penitenciários brasileiros mensalmente, isso, lamentavelmente, muitas vezes não é cumprido. A presença do juiz é uma obrigação, é um direito que assiste ao preso ver o juiz facilitando muito mais a decisão que vai tomar, porque não fará isso diante do papel frio, do processo de execução penal, mas do conhecimento da realidade.

Os nossos juízes e promotores criminais, que, às vezes, aplicam penas severíssimas, não conhecem a realidade carcerária brasileira. É importante a presença do juiz e do promotor das execuções criminais nas penitenciárias brasileiras. Essa é uma campanha que o Superior Tribunal de Justiça, o Supremo Tribunal Federal, os Tribunais de Justiça e as Procuradorias-Gerais de Justiça podem instar nacionalmente. Hoje, há uma consciência muito maior dos juízes que trabalham na área de execução penal. Essa presença é indispensável, como indispensável também é que, nos sistemas penitenciários estaduais, haja – o sr. George falou rapidamente da carência de técnicos – uma corregedoria administrativa interna e uma ouvidoria que façam o canal com a sociedade, porque ela precisa fiscalizar e participar.

Quero falar de uma outra omissão por parte do Judiciário, do Ministério Público, dos juízes das execuções penais, de um dispositivo que entendo ser um dos mais felizes da Lei de Execução Penal, que é a tarefa do juiz das execuções criminais, pouco utilizada no país. Estou falando de providências para aprimorarmos a execução penal dentro da lei existente, dentro da nossa realidade, que são a participação efetiva do juiz e do promotor e a aplicação daquele artigo esquecido da Lei de Execução Penal, o artigo 80, que trata dos Conselhos da Comunidade.

De quem é a obrigação de criar os Conselhos da Comunidade? Segundo o artigo 66, inciso IX, é do juiz das execuções criminais. Quantos Conselhos da Comunidade existem no Brasil? Se pegarmos o número de comarcas, verificaremos que não atingem 5% das comarcas existentes no País.

O cidadão condenado a cumprir uma pena, como se diz com muita felicidade quando ele entra dentro do sistema penitenciário, deve esquecer o passado para tentar construir o futuro. Só que um dia ele voltará a conviver em sociedade e, se a comunidade não interagir, não estiver presente, não participar do universo prisional, será muito difícil melhorarmos o sistema prisional brasileiro.

A responsabilidade da criação do Conselho da Comunidade é do juiz. Aliás, uma das sugestões que fizemos, em uma eventual reforma da Lei de Execução Penal, é que houvesse uma situação um pouco diversa, que o Conselho pudesse ser criado pela própria comunidade e homologado pelo juiz, porque, muitas vezes, por questão de temperamento, o juiz necessita, mas não tem essa visão.

Está aí um instrumento às nossas mãos para melhorar o sistema prisional brasileiro: a participação da comunidade. O Conselho da Comunidade fiscalizará os abusos; nas pequenas comarcas, melhorará as condições de cumprimento de pena; fará com que o cidadão veja que aquele delinquente é uma pessoa humana.

Sempre é bom fazermos uma reflexão àqueles que pregam o endurecimento da lei penal. Não sou contra o rigor da lei penal quanto a delitos graves, mas se trata daquela passagem do Evangelho: "Quem não tiver pecado que atire a primeira pedra". Às vezes, em conferências na universidade, quando pergunto aos que as assistem se nunca infringiram o Código Penal, eles respondem que não, que são pessoas sérias, direitas. Então, indago se alguém nunca dirigiu embriagado, sem habilitação, e respondem que isso é contravenção. Pergunto-lhes se alguém já falsificou carteira de estudante, enganou-se na declaração do Imposto de Renda – pode ser crime de sonegação fiscal –, se nunca comprou mercadoria contrabandeada – é crime previsto de contrabando, competência da Justiça Federal.

Então, meus amigos, não devemos nos esquecer de que o criminoso é um ser humano. Temos de ter isso sempre presente e procurar fazer aquilo que hoje não acontece dentro do sistema penitenciário brasileiro, que é a separação do primário para o reincidente, do preso perigoso para o preso não perigoso, e a construção de determinados estabelecimentos altamente seguros, com celas individuais para presos de altíssima periculosidade, que participem do crime organizado, do narcotráfico.

Por falar em celas individuais – isso também é algo que teremos que adaptar e mudar na Lei de Execução Penal, porque é dispositivo que não existe na realidade –, a Lei de Execução Penal diz, no artigo 88, que o condenado será alojado em cela individual. O importante não é a cela individual ou coletiva, mas o tratamento que é dado ao preso dentro de uma penitenciária. O importante é que ele tenha educação, trabalho, pois, sendo assim, poderemos mudar e melhorar o comportamento do preso.

Uma questão que sugerimos para uma mudança da Lei de Execução Penal – hoje, há, por cada três dias trabalhados, a remissão de um dia descontado no cumprimento da pena: precisamos fazer isso também para a educação. O preso que estuda, que faz um curso regular, um curso de profissionalização, precisa, também, ser estimulado. Se ele não for estimulado, se não abrirmos uma porta, uma janela de esperança, será muito difícil pensarmos em uma melhoria do sistema prisional e da própria Lei de Execução Penal.

O juiz e o promotor têm que ser vocacionados, e a Vara das Execuções Criminais, principalmente nos grandes estados, precisa ser descentralizada para não estar distante do condenado e para que não haja uma demora na decisão.

Gostaria de falar a respeito do que foi discutido na última reunião do Conselho, que é muito importante para a melhoria da nossa situação.

Assim como o Poder Judiciário e o Ministério Público, as universidades também têm estado distantes da análise sistemática da criminalidade, do sistema penitenciário e dos modelos alternativos. Por que não fazer com que os estudantes do último ano de faculdade, em todos os segmentos, façam um estágio obrigatório dentro de uma penitenciária para que eles possam auxiliar as equipes técnicas na área da assistência judiciária? Seria uma maneira de darmos condição mais humana ao preso e de envolvermos as universidades, as quais não podem adotar, em relação à criminalidade e ao sistema penitenciário, uma postura indiferente. A grande verdade é que o peso da Justiça Penal brasileira, ao longo dos tempos, desde o Império, sempre recaiu sobre o mais pobre, sobre o excluído. Recentemente, observamos algumas mudanças. É importante que a Justiça Penal brasileira passe a olhar com mais atenção esse universo escondido atrás das muralhas.

Quero também fazer uma observação sobre um dos grandes equívocos cometidos na política penitenciária brasileira ao longo dos anos em São Paulo, no Rio de Janeiro, no Paraná e no Rio Grande do Sul:

trata-se dos grandes complexos prisionais, como a Casa de Detenção de São Paulo, que foi construída em 1954 pelo governador Jânio Quadros para abrigar 1.500 presos. Para resolver o problema da superlotação, derrubaram-se as celas individuais, transformando-as em coletivas. A Casa de Detenção cresceu como um câncer e chegou aos 7.500 presos que, hoje, lá estão, causando uma situação de difícil administração. Por isso, o Governo de São Paulo quer acabar com a Casa de Detenção. O mesmo acontece em Curitiba, no Presídio Central, e em Porto Alegre. Os senhores não imaginam o desrespeito que ocorre nesses grandes complexos prisionais. Eles precisam ser extintos, banidos, até porque as regras mínimas das Nações Unidas não recomendam a adoção dos grandes complexos prisionais.

Gostaria de dizer aos senhores que a Lei de Execução Penal precisa de pequenos ajustes; é preciso verificar que existem determinados institutos que não deram certo na realidade brasileira. Não podemos fechar os olhos para essa realidade. Por exemplo: a prisão albergue em forma de casa de albergado é uma alternativa que praticamente não existe no país. Devemos continuar com o sistema progressivo, com o sistema que passa do regime fechado para o semiaberto. É uma progressão natural. Talvez devamos substituir a terceira etapa, o regime aberto, porque a forma de casa de albergado, na imensa maioria das capitais brasileiras, não existe, e a situação fica ainda pior, pois ficamos com uma prisão domiciliar absolutamente ilegal, sem controle.

Como dizia aos senhores, a Lei de Execução Penal, aqui no Brasil, não precisa de profundas reformas, somente de pequenos ajustes. Peço desculpas àqueles que dizem que se trata de uma lei de Primeiro Mundo e, por isso, deveria ser alterada. Penso que não podemos abandoná-la por ter princípios avançados. Precisamos cobrar do Estado brasileiro a aplicação desses princípios. Aliás, a Lei de Execução Penal, nas Disposições Transitórias, cita que o descumprimento pelos estados membros da Federação dos princípios nela contidos importa na suspensão de financiamentos para os estados. Mas isso nunca foi levado a sério.

Em uma entrevista, revelei um dado que deixa clara a falta de vontade política do Estado brasileiro para resolver o problema do sistema penitenciário: a União e os estados precisam investir. Para isso, o legislador criou o Fundo Penitenciário Nacional, o FUNPEN. Anualmente, no Orçamento da União, destina-se uma verba para o Ministério da Justiça. Desde a criação do FUNPEN, se não me falha a memória, em 1985, até hoje, a União não repassou para o Fundo Penitenciário Nacional 220 ou 230 milhões de reais. Isso provocou uma ação civil pública, por parte do Ministério Público Federal, para compelir a União a repassar esses recursos.

Portanto, precisamos de vontade política do Estado e de uma mobilização do Poder Judiciário, por meio dos seus Tribunais Superiores, e do Ministério Público para humanizar o sistema penitenciário brasileiro. Costumo dizer que um bom sistema penitenciário é fator de segurança para todos nós e um mau sistema penitenciário, como o que temos, é um fator de insegurança para todos nós.

Quero terminar afirmando que a Lei de Execução Penal funciona, muitas vezes, como um paradigma, como um sonho, uma utopia que poderá ser realizada. Não podemos ter falsas ilusões; não podemos querer tratar o criminoso perigoso em sistema aberto ou em estabelecimento sem segurança. Temos que ter o direito, a obrigação e o dever de sonhar, porque sonhar nos aproxima de Deus e, nos aproximando de Deus, podemos melhorar o mundo dos homens.

A CRIAÇÃO DO MINISTÉRIO DA SEGURANÇA PÚBLICA

A questão da segurança pública é uma preocupação fundamental da sociedade brasileira, em razão da escalada da violência e dos inúmeros fatores que contribuem para esse agravamento, dentro os quais se destacam o tráfico de drogas, o crime organizado, o despreparo, a insuficiência de quadros, os baixos salários das polícias estaduais, além de gravíssimos problemas sociais.

A Constituição Federal deixa para a União a competência da Polícia Federal, que trata dos crimes federais, e da Polícia Rodoviária Federal, que cuida do controle e fiscalização das rodovias da União, enquanto os estados respondem por todas as outras questões da segurança pública.

A Secretaria Nacional de Segurança Pública, vinculada ao Ministério da Justiça, deveria coordenar as ações dos governos estaduais e estabelecer uma política nacional de segurança pública. Criou-se um Plano Nacional de Segurança Pública, mas as ações de fortalecimento das polícias estaduais, bem como a implantação de uma verdadeira política nacional de segurança pública, ainda estão muito distantes das necessidades nacionais.

A Polícia Federal e a Rodoviária Federal, apesar de terem salários razoáveis, lutam permanentemente com a insuficiência de quadros. A enorme extensão territorial do país, as imensas fronteiras secas pouco policiadas e a grande extensão do litoral facilitam a ação de criminosos transnacionais.

Para enfrentar todas essas complexas questões, que demandariam planejamento com ações coordenadas e pontuais, bem como maiores recursos federais e estaduais, cogita-se, no debate político, da criação de um Ministério de Segurança Pública.

Trata-se de perigoso e custoso equívoco, que não irá resolver as complexas questões da segurança pública, que podem e devem ser enfrentadas pelos órgãos existentes, desde que haja maiores recursos e uma melhor e mais eficaz ação da Secretaria Nacional de Segurança Pública, com a ampliação dos quadros da Polícia Federal e Rodoviária Federal.

A solução do Ministério, que voltou à tona em 2010, além de custosa, é arriscada, pois a centralização da segurança num Ministério pode levar a desvios autoritários, como já ocorreu nos estados totalitários nazista, fascista e comunista.

Mais do que um ministério, que não pode ser encarado como uma panaceia, o que falta é a implementação de uma política nacional de segurança pública, com recursos mínimos, com participação das Forças Armadas nas ações de fronteira, com uma melhor cooperação das polícias dos países fronteiriços, com o aperfeiçoamento das ações de inteligência no combate ao crime organizado e com a criação de uma Força Nacional de Segurança, com recursos, equipamentos e quadro de pessoal, em caráter permanente, isso sem falar na melhor remuneração e capacitação das polícias estaduais, sem o costumeiro contingenciamento de verbas orçamentárias para a área de segurança pública.

O FIM DA CASA DE DETENÇÃO DE SÃO PAULO

A Casa de Detenção, inaugurada em 1964 no Governo Jânio Quadros, para 1.500 presos com celas individuais, foi desfigurada ao longo do tempo, para atender mais de 7.500 detentos em celas coletivas e superlotadas, tornando-se ingovernável e contrariando todas as normas de arquitetura e política prisional.

A desativação da Casa de Detenção e do complexo do Carandiru é um projeto que nasceu em 1983, no Governo Montoro, e que, no Governo Covas, foi retomado, chegando-se a um acordo com o Governo Federal para o início de sua execução, em setembro de 1996, com a assinatura de um convênio, que contou com a presença do presidente da República, para a construção de nove penitenciárias no valor aproximado de 100 milhões de reais, que visavam à retirada dos presos daquele estabelecimento.

O fim da Detenção, além de ser um antigo anseio da população de São Paulo, em especial da Zona Norte, consta explicitamente do Pla-

---

Artigo publicado originalmente na *Folha de S. Paulo*, em 08 de fevereiro de 2002.

no Nacional de Direitos Humanos, sendo uma exigência da cidadania, tendo em vista as tragédias que ali ocorreram, dentre as quais chama a atenção a morte de 111 presos, juntamente com dezenas de feridos, no episódio conhecido como Massacre do Carandiru.

Em 1996, a Secretaria de Administração Penitenciária, conjuntamente com o Instituto de Arquitetos e de Engenharia de São Paulo, realizou um concurso público visando à elaboração de um Plano Diretor para a área.

O projeto vencedor transformava o Carandiru, que sempre foi um local de exclusão social e palco de massacres, num parque de 427.000 m^2, com centros culturais, profissionalizantes, esportivos e serviços comunitários, dentro de uma área verde de 120.000 m^2, para atender a população da cidade, em particular as crianças, os jovens e os trabalhadores.

Infelizmente, o projeto não pôde ser concluído em nossa gestão na Secretaria de Administração Penitenciária (julho de 1995 a dezembro de 1999), apesar da construção de 22 penitenciárias, 4 semiabertos e 6 centros de detenção provisórios, que geraram mais de 24.000 vagas, pois houve um enorme crescimento da população prisional, que passou de 55.000 presos para 92.000, inviabilizando o esvaziamento da Detenção, como era nosso desejo.

O governador Alckmin, que participou dessas inaugurações, retomou a ideia com força e vigor através da assinatura de novo convênio com o Governo Federal para a construção de 11 penitenciárias, que irão gerar mais de 10.000 vagas, visando à retirada dos 7.500 detentos da Detenção.

O desafio é grande, não se podendo esperar a ocorrência de uma nova tragédia, e, por isso, precisa ser enfrentado e vencido, humanizando-se e controlando-se melhor o sistema penitenciário com a construção de estabelecimentos menores dentro dos padrões internacionais e devolvendo-se à cidade um parque com uma enorme reserva de mata atlântica.

A nova marca do Carandiru há de ser a inclusão social, redimindo-se o Estado dos erros ali cometidos.

Finalmente, parece que o sonho de muitos e do governo irá, em breve, tornar-se realidade, para tranquilidade de São Paulo e alegria das crianças, dos idosos e da população, que poderá usufruir de uma belíssima área verde, um verdadeiro Parque da Paz.

Observação: a Casa de Detenção foi completamente desativada e implodida na gestão do secretário de Administração Penitenciária dr. Nagashi Furukawa, em 8 de dezembro de 2002.

A MORTE DA MENINA ISABELA NARDONI

A morte da menina Isabela Nardoni, em circunstâncias trágicas, que teria sido praticada por seu pai e madrasta, em coautoria, de forma cruel, com esganadura e uso de recurso que impossibilitou a defesa da vítima, mais o crime de fraude processual, comoveu o país e provocou uma imensa reação da opinião pública, informada, quase diariamente, pela imprensa escrita, falada e televisada.

Os réus, ao serem julgados pelo Tribunal do Júri, em sessão iniciada no dia 15 de março e que durou quase seis dias, encerrou-se com o veredicto condenatório que acatou todas as teses da acusação, sendo impostas aos condenados penas de pouco mais de trinta anos para o pai e de mais de vinte e seis anos para a madrasta.

Encerrado o julgamento, com a divulgação da sentença, após calorosos debates com a produção de uma longa prova técnica, a multidão que cerca o Fórum irrompeu em aplausos, soltando rojões, num misto de sentimento de justiça, repúdio à impunidade e vingança.

Os réus sempre negaram o crime, que não teve testemunhas presenciais e o Ministério Público fundamentou a acusação na prova pericial produzida pelo Instituto de Criminalística e pelo Instituto Médico Legal, ao passo que a defesa tentou, sem sucesso, desqualificar a prova técnica.

Uma vez encerrado o julgamento popular de um dos mais importantes júris de São Paulo e do Brasil, é preciso fazer algumas reflexões sobre a forma como a investigação e o processo ocorreram, com algumas observações críticas necessárias ao aprimoramento do julgamento popular.

Em primeiro lugar, é preciso elogiar a conduta do júri e das partes, que centraram suas análises na prova pericial, o que representa um grande avanço, já que não havia prova testemunhal e o julgamento teve que se fundar em todo um complexo de prova indiciária. Por isso, é elogiável o trabalho e o esforço desenvolvido pelos peritos.

Mas, ao se examinar a prova técnica, pelas informações trazidas pelos meios de comunicação, fica-se sabendo que o local do crime, em especial o apartamento em que ele teria ocorrido, o carro dos réus e o gramado onde a infeliz vítima foi encontrada, não foi preservado.

Trata-se de grave e imperdoável erro, que não poderia ter ocorrido, e que, sem dúvida, prejudicou toda a produção da prova pericial, maculando-a de dúvidas e incerteza, porque até as impressões digitais ficaram prejudicadas. E não é a primeira vez que isso ocorre, não sendo privilégio da polícia paulista.

Mas a lição precisa ser aprendida, porque, se o local tivesse sido preservado, o julgamento seria muito mais seguro, sereno e justo.

A segunda observação crítica é de uma outra falha lamentável. São Paulo, como todos sabem, em especial, os que militam no Tribunal do Júri, possui, seguramente, o melhor e mais competente setor policial na área de homicídios, representado pelo Departamento de Homicídios e Crimes contra a Pessoa e que tem uma tradição de bons serviços prestados, em casos de negativa de autoria e de crimes misteriosos, com grande impacto na opinião pública.

Não se sabe por que motivo, no caso da menina Isabel, praticado de uma forma violenta e brutal, não se convocaram os policiais desse departamento, altamente respeitado, para ajudar no esclarecimento da autoria.

Uma outra questão que não se compreende foi a falta de televisionamento do júri, pois um dos princípios básicos do processo penal é a publicidade. Não há julgamento secreto.

É verdade que o juiz presidente se esforçou ao máximo para garantir que o maior número de pessoas tivesse acesso ao julgamento.

Mas se o Supremo Tribunal Federal e os tribunais superiores costumam ter os seus julgamentos televisionados, por que não se fazer o mesmo com o julgamento popular?

É certo que existem problemas de segurança, espaço e técnicos, mas que podem, perfeitamente, ser resolvidos, com o ganho da publicidade nos processos de grande repercussão.

Um problema que também merece uma reflexão é a composição do corpo de jurados, que, nesse julgamento, foi composto de 4 mulheres e 3 homens de diferentes profissões, mas sem uma maior participação do povo, através de sindicatos e de pessoas mais simples e modestas, pois, se o Tribunal representa a sociedade, quanto mais ampla e diversificada for a sua composição, melhor atenderá o espírito do legislador.

Por outro lado, as acomodações destinadas aos jurados, testemunhas e vítimas, nos júris de grande duração e repercussão, são absolutamente precárias e incompatíveis com a dignidade e importância de suas funções. Isso precisa mudar, cabendo ao Poder Judiciário projetar local apropriado para julgamentos de grande impacto na opinião pública, pois não se pode penalizar com tamanho desconforto aqueles que prestam relevantes serviços à Justiça.

Agora é hora de se respeitar os resultados, extrair-se as lições do julgamento e aguardar-se a decisão dos tribunais superiores, pois a democracia somente se consolida com o acatamento das decisões do Judiciário, que somente podem ser corrigidas pela via recursal.

UMA NOVA POLÍTICA DE SEGURANÇA PÚBLICA

A escalada da violência em 2013 é motivo de preocupação generalizada dos brasileiros.

Ora nos deparamos com a violência da criminalidade, ora com o despreparo da polícia, principalmente, no item letalidade nos confrontos, nos principais estados da Federação.

Em São Paulo e em diversos estados, nos últimos tempos temos assistido a uma escalada da violência da criminalidade, com um grande número de mortes, sendo que os criminosos começam a agir de modo cada vez mais cruel e visivelmente estão tentando atemorizar a sociedade e o Estado.

A política de segurança é de responsabilidade dos estados, mas com a participação efetiva da polícia e Justiça Federal, atuando, ainda, subsidiariamente, os municípios, com as guardas municipais. Entre outras medidas, as cidades brasileiras precisam melhorar a iluminação pública, que é um fator inibidor da criminalidade, e ter uma atuação mais abrangente das guardas municipais no policiamento preventivo e comunitário.

O Poder Judiciário, de igual modo, tem papel relevantíssimo, prejudicado, quase sempre, pela lentidão processual, que muitas vezes leva à impunidade.

Papel igualmente importante exerce o Ministério Público, através do controle e fiscalização das polícias, nem sempre realizado.

Isto sem falar da legislação, muitas vezes geradora da impunidade e que, em certos casos, precisa ser mudada, com penas mais severas, como no tráfico de entorpecentes, no crime organizado e nos delitos com participação de menores, cuja medida de internação de três anos deveria ser dobrada na hipótese de crimes hediondos. Por todas essas razões, é preciso analisar com isenção o que vem acontecendo nas grandes cidades brasileiras quando vidas humanas são ceifadas de forma violenta e cruel.

Constata-se, ainda, que os recursos da Secretaria Nacional de Segurança Pública do Ministério da Justiça, incumbida de coordenar, fiscalizar e financiar as políticas públicas para a área, são notoriamente insuficientes e menores que os das Secretarias de Segurança Pública dos grandes estados brasileiros, o que é um verdadeiro contrassenso.

Deve-se frisar que as verbas da União, além de serem pequenas, são, quase sempre, parcialmente bloqueadas através do contingenciamento, o que é um absurdo e demonstra a falta de interesse e de relevância que essa área deveria ter. O Ministério da Justiça deveria comandar, conjuntamente com os estados e municípios, um amplo debate visando à criação de um novo modelo de segurança pública.

Os estados remuneram mal os policiais e nem sempre a reciclagem e a preparação são adequadas, o que os desmotiva para a relevante função que exercem. Da mesma forma, os municípios investem pouco nas guardas municipais, nem sempre havendo uma coordenação e troca de informações entre a área estadual e a municipal.

Além disso, é preciso salientar os brutais desníveis sociais da periferia das grandes cidades brasileiras, com seus bolsões de pobreza que favorecem a eclosão da criminalidade violenta, em especial os crimes contra o patrimônio e o tráfico de entorpecentes. Por isso, é indispensável incrementar as políticas sociais e culturais nos grandes centros urbanos. Quando se investe nessas políticas para diminuir as desigualdades da sociedade brasileira, está se atuando de forma eficaz na prevenção da criminalidade.

Um aspecto, na política de segurança, que merece reflexão, é a questão da intervenção da tropa de choque para o controle dos distúrbios sociais. O que se tem verificado, em todos estados brasileiros, é o absoluto despreparo das polícias militares, com intervenções violentas e arbitrárias resultando em mortes e feridos. É preciso uma melhor preparação, impedindo o uso de armas que produzam ferimentos graves, como as balas de borracha, e adotando métodos modernos e não violentos.

Não há soluções milagrosas e é preciso que cada ator assuma as suas responsabilidades. Deve ser destacado que a União atua, ainda, de forma muito restrita na prevenção e repressão do tráfico de entorpecentes e da criminalidade violenta e organizada, sendo que a estrutura da Polícia Federal é insuficiente para o amplo leque de suas atribuições, como no policiamento fronteiriço.

Finalmente, é importante que as diferentes organizações policiais superem rivalidades, intercambiando informações, para que obtenham melhores resultados, e que União, estados e municípios se unam no combate à criminalidade violenta.

O Estado e a sociedade brasileira, através de ampla discussão, precisam construir uma nova política de segurança que controle melhor a criminalidade, preserve a vida, respeite os direitos humanos e dê segurança ao cidadão, tornando o policial um verdadeiro guardião da Constituição. O aperfeiçoamento da polícia brasileira, com a cooperação da comunidade, é um desafio que ainda não foi vencido e precisa ser urgentemente enfrentado.

AS FORÇAS ARMADAS E A SEGURANÇA PÚBLICA

O artigo 142 da Constituição Federal estabelece que as Forças Armadas, compostas do Exército, Marinha e Aeronáutica, têm, por função primordial, a defesa da pátria, a garantia dos poderes constitucionais e a defesa da lei e da ordem.

A Constituição de 1988, no capítulo das Forças Armadas, segue a tradição das constituições republicanas e imperial, vinculando a instituição à defesa da pátria.

A Revolução de 1964 trouxe, a partir dos atos institucionais, da Constituição de 1967 e da emenda nº 1 de 1969, o conceito de segurança nacional que abrangia a segurança interna e externa.

É verdade que o conceito de segurança interna estava mais voltado para o combate ao terrorismo, o que não impede a sua utilização em circunstâncias especialíssimas para o restabelecimento da lei e da ordem, como preceitua o artigo 142.

Todos os principais comentaristas da Constituição defendem a utilização das Forças Armadas nesta hipótese, conforme se vê dos comentários de Pinto Ferreira, J. Cretella Jr., Celsos Bastos, Yves Gandra Martins e Manoel Gonçalves Ferreira. Este último diz textualmente:

> "*A Constituição estabelece o Estado de Direito, que tem com um dos seus pilares a supremacia da lei. Compete às Forças Armadas assegurar o respeito à lei e, como a lei define a ordem, por via de consequência a manutenção da ordem. Este preceito autoriza claramente que as Forças Armadas sejam empregadas no âmbito interno, não só para garantir a ordem, ainda quando não houver ameaça para os poderes constituídos. Permite, portanto, que as Forças Armadas sejam utilizadas em missão de polícia, se necessário.*"

Mas o que pretendo enfatizar é o fato das Forças Armadas, ao longo de sua história, estarem sempre vinculadas à defesa da nação, como seu valor fundamental, o que não impede a sua utilização, em determinadas circunstâncias, para o restabelecimento da lei e da ordem.

A Carta Magna, em outro capítulo, trata da questão da segurança pública e da competência das diferentes polícias (artigo 144), ou seja, há uma nítida separação entre o conceito de Força Armada e Polícia.

A Polícia Militar tem a seu cargo o policiamento preventivo e repressivo da criminalidade e a garantia da ordem pública.

A Polícia Civil tem a responsabilidade da investigação criminal, ao passo que a Polícia Federal tem por função a investigação dos delitos cometidos contra a União, bem como os crimes transnacionais, dentre os quais se destaca o tráfico de armas e de drogas.

Um outro importante ator na área da segurança pública é o Ministério Público, titular da ação penal pública, com a responsabilidade do controle externo das polícias e cuja ação está disciplinada no artigo 129 da Constituição. Com o aumento da criminalidade violenta, da corrupção na administração pública e do tráfico internacional de drogas e de armas, cresceu em muito a sua responsabilidade e importância, sendo que sua ação foi visivelmente ampliada na atual Constituição.

Na última década, de modo especial, houve o crescimento de determinadas modalidades criminosas transestaduais e transnacionais, extrapolando o campo da segurança pública, interessando a mais de uma polícia estadual, à Polícia Federal e, sob certos aspectos, até às Forças Armadas.

O sequestro, tráfico de armas de fogo, inclusive de armas pesadas, privativas das Forças Armadas, e o tráfico internacional de drogas são delitos que envolvem criminosos nacionais e estrangeiros, civis e militares, que, muitas vezes, operam a partir do exterior e usam equipamentos e meios de transportes rápidos e modernos que têm colocado em xeque as polícias estaduais e até a federal, que não estão totalmente preparadas para esta nova realidade.

O roubo de armas dentro de quartéis e o assalto de estabelecimentos militares, bem como a ocorrência de confrontos parabélicos na periferia de grandes cidades, com uso de granadas e balas traçantes, são episódios graves e que não podem ser desconhecidos, que demonstram a necessidade do aprimoramento do sistema de segurança de nossas unidades militares.

O Brasil, em razão da deficiência de suas polícias e de suas extensas fronteiras terrestres, marítimas e aéreas, é alvo fácil da ação desses criminosos, sempre ligados ao crime organizado e que movimentam grandes somas de dinheiro, provocando enorme prejuízo à imagem do país e comprometendo o turismo, ao afugentar os visitantes, com receio da violência das grandes cidades.

Não podemos fechar os olhos para o fato de que os maiores produtores de cocaína e maconha fazem fronteiras com o nosso país (Peru, Bolívia e Colômbia) e que o comércio ilegal de entorpecentes chega a atingir a astronômica cifra de 400 bilhões de dólares, segundo informes das Nações Unidas.

O crescimento da criminalidade violenta, da lavagem de dinheiro, do tráfico de drogas e de armas está apavorando a população de grandes centros urbanos no Brasil. Ainda que não sejamos os únicos a enfrentar este problema, não podemos mais tratá-lo com as armas do Código Penal de 1940.

Arrastões, megarrebeliões, sequestros de empresários, sequestros relâmpagos, assassinatos de jornalistas, promotores, juízes, fechamento de comércio são fatos graves que não têm merecido a devida resposta do Estado e, acima de tudo, a punição dos culpados, o que gera a impunidade e o estímulo a ações mais ousadas.

Neste momento, para melhor compreendermos a explosão da criminalidade violenta, é oportuno lembrarmos de alguns marcos históricos às vezes esquecidos.

Vamos voltar aos anos 1968/70, quando de forma mais intensa começou a mudar o padrão da criminalidade, do furto para o roubo, coincidindo com o terrorismo pós 1964 e os assaltos a bancos praticados pela esquerda revolucionária. Esse comportamento foi assimilado pela criminalidade comum e data dos anos 1970 o surgimento, na Ilha Grande, do Comando Vermelho no Rio de Janeiro.

O outro componente dos anos 1960/70 foram os entorpecentes, desde a inocente maconha até a cocaína, heroína e drogas sintéticas, introduzindo um novo e lucrativo ingrediente na criminalidade, até então restrita aos delitos patrimoniais.

Concomitantemente, nos anos 1968/70, surgiu em São Paulo, Rio e depois no Espírito Santo o Esquadrão da Morte, que quebrou a relação de respeito que havia até então entre polícia e bandido, iniciando um ciclo de violência e desrespeito à autoridade constituída, que perdura até os nossos dias.

Diante da gravidade do quadro da criminalidade violenta, não se pode dizer que a mesma não interesse às Forças Armadas, principalmente quando ela ocorre através de nossas fronteiras, sem que isto signifique envolvimento direto na repressão.

Operações conjugadas, ações de apoio à Polícia Federal, presença ostensiva nas áreas fronteiriças, portos e aeroportos já têm ocorrido e são extremamente benéficas, quando devidamente planejadas. Várias delas têm sido realizadas, com êxito, no Rio de Janeiro e em zonas fronteiriças.

A segurança pública no combate à criminalidade comum do dia a dia jamais poderá ser objeto da ação das Forças Armadas, mas o crime organizado e o tráfico internacional de armas e de drogas podem e devem ser alvo da atenção e da cooperação dos militares, já que muitas vezes são delitos transnacionais.

Assim, o Exército, através dos batalhões de fronteira, poderia desenvolver ações de apoio ao policiamento efetuado pelas polícias estaduais e federal, principalmente no combate ao tráfico de armas e entorpecentes.

A Marinha deveria atuar mais intensamente no litoral, em especial nos grandes portos, como Rio de Janeiro, Santos, Vitória, Paranaguá etc., pois todos sabem que o tráfico de armas e entorpecentes usa os portos nacionais como porta de entrada.

A Aeronáutica deveria exercer uma melhor fiscalização do espaço aéreo, das pistas de pouso clandestinas, visando à sua destruição, com ênfase na Amazônia e nos grandes aeroportos nacionais. A sua ação vai se tornar muito mais intensa com a recente regulamentação da Lei do Abate (Lei nº 9.614, de 5 de março de 1998, regulamentada pelo Decreto nº 5.144, de 18 de julho de 2004), matéria delicada e que necessitará de uma intervenção extremamente cautelosa.

Hoje podemos afirmar que a Força Aérea tem uma excelente cobertura do território nacional de radares, através do Cindacta e de equipamentos de última geração representados pelos Super-Tucanos, o que nos dá uma razoável tranquilidade em termos de possibilidade de uma boa fiscalização do espaço aéreo. A opção preferencial deverá sempre ser a perseguição, preservando-se as vidas e destruindo as pistas clandestinas.

O Estado-Maior, os serviços de informação, a Abin certamente armazenam dados valiosos, que poderão ser mais bem utilizados em ações conjuntas de repressão ao tráfico de armas e de entorpecentes. Aqui existe um enorme desperdício de dados e falta de um melhor entrosamento entre os organismos de informação, cuja aproximação é fundamental para o combate de uma criminalidade muito mais organizada e perigosa.

Não nos esqueçamos de que a violência dos grandes centros urbanos que, lamentavelmente, está aumentando, encontra-se ligada umbilicalmente à falência do Estado no combate à macrocriminalidade, que tornou o crime uma atividade empresarial.

Os recentes episódios do Rio de Janeiro, que levaram a uma reportagem cujo título é injusto, ao chamá-la de "Capital da Cocaína e da Violência", são um lembrete do risco que corremos, pois, se é verdade que o Rio não produz cocaína e é tão violenta como outras grandes cidades do mundo, também é certo que o entorpecente ali chega com a maior facilidade através de nossas fronteiras que não têm a devida fiscalização da Polícia Federal. Não podemos, também, nos esquecer de que a produção de entorpecentes no Brasil está praticamente restrita a uma área mínima do sertão pernambucano, sendo muito mais uma rota de passagem, o que prioriza a necessidade de uma fiscalização mais eficaz.

Se estiver sepultado o velho conceito de segurança nacional vinculado ao regime militar, há necessidade de se criar uma nova filosofia de ação na área de segurança pública que defenda o país de audaciosos criminosos internacionais que movimentam quantias astronômicas de dinheiro, contribuindo decisivamente para o aumento da criminalidade nos grandes centros urbanos.

O Governo Federal tem realizado ações dentro desse novo conceito, superando dificuldades, através de lei complementar nº 97, de 9 de junho de 1999, alterada pela lei complementar nº 117, de 2 de setembro de 2004, que permitiu a utilização das Forças Armadas em ações de suporte às polícias estaduais e federal. Essa cooperação já ocorreu, com sucesso, nos morros do Rio, na Amazônia e em outras áreas do território nacional.

Num patamar intermediário, mas dentro dos limites constitucionais e do espírito das leis nº 99 e 117, nada impede o apoio das Forças Armadas às Forças Tarefas, nova e moderna modalidade de integração entre as ações das diferentes polícias e as forças militares, que podem ser instaladas em diferentes pontos da Federação onde houver desafios a serem enfrentados, como foi utilizado em mais de uma oportunidade no Governo Fernando Henrique Cardoso, no Rio de Janeiro e Espírito Santo, entre outros estados, na gestão do ex-ministro da Justiça prof. Miguel Reale Junior, com amplo sucesso.

Nas Forças Tarefas, existe um papel de destaque para a área de inteligência militar, que poderá ser muito mais bem utilizada no planejamento de operações complexas, principalmente nas áreas fronteiriças.

Para enfrentar esses novos desafios, que não são tarefas precípuas das Forças Armadas, mas para os quais não podem deixar de colaborar, acompanhando a sua evolução, é necessária uma grande ampliação da Polícia Federal, cujo contingente de menos de 10.000 homens é absolutamente insuficiente para a enormidade de sua missão. Aqui, seguramente, reside a principal deficiência do Estado brasileiro no combate ao crime organizado, daí decorrendo, em consequência, as ações violentas nos grandes centros urbanos.

Enquanto o efetivo da Polícia Federal não for adequado à sua destinação constitucional, os estados vão continuar a sofrer as consequências de sua omissão, em decorrência da insignificância numérica de seus quadros.

Além disso, é importante frisar a necessidade da criação de uma Força Federal de Intervenção para situações limites de descontrole da segurança pública estadual, que não necessite da decretação do estado de sítio e de defesa.

Dentro dessa linha, existe no Ministério da Justiça projeto de criação de uma Força Nacional de Segurança Pública em forma de programa de cooperação entre a União e os estados. A falta de uma melhor definição da sede, do contingente e da forma de sua atuação torna a iniciativa muito tíbia, mas é um primeiro passo.

Por derradeiro, por força de sua ação no combate ao tráfico de armas e de entorpecentes, há que se tomar excepcional cuidado com a colaboração de outros países no financiamento de suas ações, para resguardo da soberania nacional, o que não exclui a necessidade da colaboração internacional.

A ousadia do crime organizado, como ficou recentemente demonstrado na CPI da Câmara Federal, impõe a necessidade de uma ação abrangente e coordenada do Estado brasileiro, devendo ser fortalecida a Secretaria Nacional de Segurança Pública, como órgão coordenador das polícias estaduais e federal, usando sempre que necessário o apoio das Forças Armadas e, para isso, é preciso um perfeito entrosamento entre o Ministério da Justiça e o da Defesa.

As questões aqui abordadas são extremamente delicadas, trazendo novos desafios ao Estado e à destinação constitucional das Forças Armadas, mas não podem ser desconhecidos e precisam ser enfrentados com coragem e prudência, para que não se caia no erro da omissão ou no equívoco do emprego das Armas para ações que não lhe são próprias e para as quais não se encontram preparadas.

Por isso, tenho fé na sua ação e na colaboração dentro dos limites constitucionais no combate ao narcotráfico e ao tráfico de armas, através de uma melhor fiscalização de nossas fronteiras terrestres, marítimas e aéreas, em trabalho conjugado com a Polícia Federal, que precisa ser urgentemente ampliado, para poder atender com eficiência a sua enorme e complexa atividade, devendo as forças militares estar sempre no comando das operações conjuntas, como determina o artigo 13, parágrafo 5 da Lei nº 117 de 2004.

Mais uma vez, tenho a certeza e a convicção de que as Forças Armadas cumprirão o seu papel, seguindo o lema de Barroso, que, na mais importante batalha naval da Guerra do Paraguai, proclamou: "O Brasil espera que cada um cumpra o seu dever", na esperança da construção de uma nova política de segurança, num país democrático, onde o cidadão possa viver em paz, em especial nos grandes centros urbanos, garantindo aos cidadãos os direitos básicos à vida, a integridade física e a liberdade de locomoção, restabelecendo os laços de solidariedade e de cordialidade que caracterizam a nossa gente.

Os desafios são grandes, mas os sonhos de uma sociedade mais justa e pacífica hão de prevalecer sobre a barbárie da criminalidade. O que não quer dizer que queremos transformar as Forças Armadas em força policial.

A RESPONSABILIDADE PENAL DO JOVEM

A pretexto do aumento da violência, pretende-se reduzir a idade da responsabilidade penal, como fórmula ideal para combater a criminalidade. Alguns advogam reduzir a responsabilidade para 16 anos, outros, mais rigorosos, falam em 14 anos. Deve-se perguntar por que não 12, 10 ou até 7 anos, sempre em nome da exemplaridade do castigo?

Dizem que o jovem, aos 16 anos, podendo votar, teria perfeito discernimento do ato criminoso e, portanto, mereceria ser punido.

A Constituição de 1988 e o Código Penal de 1940 estabelecem o limite da responsabilidade penal aos 18 anos. Abaixo dessa idade, o jovem deve ser submetido a medidas previstas no Estatuto da Criança e do Adolescente, acusado de ser tolerante com as infrações cometidas por menores, que se sentem impunes praticando delitos gravíssimos, como latrocínio, homicídio qualificado, tráfico de entorpecentes, já que só podem ser internados pelo prazo máximo de 3 anos em estabelecimentos educacionais, de onde, muitas vezes, fogem com facilidade.

Artigo publicado originalmente na *Folha de S. Paulo*, em 10 de dezembro de 1999.

Na verdade, há que se reconhecer que existe uma cultura da impunidade no jovem infrator representada pela frase "eu sou de menor", seja porque o Estatuto não é corretamente aplicado, seja porque os estabelecimentos nem sempre são adequados para o cumprimento de medidas de internação, em especial quando se trata de reincidentes e autores de delitos considerados hediondos pela lei penal, possibilitando, muitas vezes, a fuga. Qual será o caminho ideal para tratar desse gravíssimo problema? Será que diminuindo a responsabilidade penal iremos, efetivamente, reduzir a criminalidade, jogando todos os jovens delinquentes num sistema penitenciário já superlotado?

Ou, pelo contrário, a legislação penal, o estatuto e a norma constitucional são a melhor solução de um ponto de vista de uma verdadeira política criminal e penitenciária? Na verdade, o que tem faltado é a implementação dos dispositivos do Estatuto da Criança e do Adolescente, com a separação dos infratores primários dos reincidentes.

Autores de infrações graves deveriam cumprir as medidas socioeducativas em estabelecimento de contenção e, em determinados casos, em locais de máxima segurança, já que menores muitas vezes são a longa *manus* do crime organizado e do narcotráfico.

Será que também não estaria na hora de fazermos modificações no Estatuto, adequando-o à realidade dramática da delinquência juvenil e agravando-se o prazo de internação dos menores, para certas condutas extremamente graves, e, com isso, aumentando-se o período de internação de 3 para 6 anos nas hipóteses dos delitos hediondos, em defesa da sociedade e do próprio infrator?

Neste momento, em que aumentam as infrações graves cometidas pelos menores, é indispensável não ceder à tentação da demagogia ou de soluções milagrosas, como a redução da responsabilidade penal para os 16 anos. A norma penal pune condutas e não opera milagres.

O problema é muito mais complexo e escancara as nossas mazelas sociais, com falhas gravíssimas em educação, habitação, saúde, emprego, distribuição de renda e assistência à família, além da dissolução dos valores éticos e morais que atingem dramaticamente o infrator.

Além disso, a mudança da legislação penal esbarra em clausula pétrea constitucional, o que impede a sua alteração.

Por isso, há que se corrigir os gravíssimos desníveis sociais, por meio de políticas públicas preventivas, tornando a sociedade mais justa e aperfeiçoando-se a aplicação do Estatuto da Criança e do Adolescente.

30 ANOS DE FEBEM

O primeiro grande movimento de denúncia da situação do menor em São Paulo data de 1948, quando, no Tribunal de Justiça, o Poder Judiciário, Ministério Público, Igreja, OAB e outras instituições se reuniram e fizeram um documento contra a situação de descalabro, então existente, e proclamavam a necessidade da criação de uma fundação com autonomia e independência financeira.

O então presidente do TJ, desembargador Theodomiro Dias, fez um pronunciamento histórico, quando dizia:

> *"Os menores, que por sua própria condição de fraqueza e desamparo, estiolam-se e desaparecem em silêncio. Não gritam, não clamam, não praguejam, não protestam. Esgarram-se, curtem fome, mendigam, são pastos de perversões inomináveis, adquirem vícios, corrompem-se, preparam-se para a delinquência, candidatam-se como futuros povoadores de manicômios e cárceres, quando não perecem prematuramente, minados pelas enfermidades".*

Na mesma sessão do Tribunal, o então procurador-geral de justiça, João Batista de Arruda Sampaio, propunha a criação de uma fundação para que houvesse um melhor tratamento dos menores.

Um outro paulista fez, na época, uma denúncia fortíssima contra o SAM, no Rio de Janeiro, escrevendo um livro célebre denominado *Sangue, Corrupção e Vergonha*, em que apontava as péssimas condições daquele serviço no Rio de Janeiro.

Na sequência, em 1964, foi criada a Fundação Nacional do Bem Estar do Menor, sendo seu primeiro presidente o dr. Mário Altenfender, que depois seria secretário da Promoção Social em São Paulo.

A pressão continuou e, na década de 1970, através da Lei nº 185, de 12 de dezembro de 1973, foi criada a Fundação Pró-Menor, sendo que o Decreto nº 3.263, de 23 de janeiro de 1974, a vinculou à Secretaria da Justiça e, posteriormente, o Decreto nº 5.926, de 15 de março de 1975, a vinculou à Secretaria de Promoção Social.

Depois disso, a Lei nº 448, de 26 de abril de 1976, mudou o nome da Pró-Menor para Fundação Estadual do Bem Estar do Menor.

Na sequência, a Febem esteve subordinada à Secretaria de Assistência e Desenvolvimento Social e, a partir de 2003, passou para a Secretaria da Educação, sendo certo que, há cerca de dez anos, a fundação passou a atender somente os infratores.

Sempre entendemos, no passado, e continuamos com o mesmo pensamento de que a criança e o adolescente infrator ou carente são resultado basicamente de uma sociedade injusta e desigual e, por isso, em 1975, já afirmávamos:

"*Por outro lado, gostaríamos de frisar que todo menor,*

seja ele infrator, abandonado ou marginalizado, rotulado impropriamente de trombadinha, é acima de tudo vítima de nossa sociedade de consumo.

O menor é vítima da irresponsabilidade dos pais que o geraram e abandonaram.

O menor é vítima da dissolução da família e do mau exemplo dos pais.

O menor é vítima da subnutrição da infância, do analfabetismo, das estruturas sociais injustas que o marginalizaram.

O menor é vítima do mau contato com a polícia, muitas vezes traduzido em violências abomináveis e desnecessárias.

O menor é vítima da incompreensão dos adultos e das distorções dos meios de comunicação da massa.

O menor é vítima da falta de preparação profissional, que o coloca na situação e subemprego permanente.

O menor é vítima daqueles que deveriam assisti-lo nos institutos de tratamento e, mal preparados, contribuem para a maior deformação de sua personalidade.

Ora, se o menor é vítima de uma sociedade de consumo, desumana e muitas vezes cruel, há que ser tratado e não punido, preparado profissionalmente e não marcado pelo rótulo fácil de infrator, pois foi a própria sociedade que infringiu as regras mínimas que deveriam ser ofere-

cidas ao ser humano quando nasce, não podendo depois hipocritamente agir contra o ser indefeso e subproduto de uma situação social anômala.

Se o menor é vítima, obrigatoriamente deverá ser tratado e não rotulado facilmente de infrator de normas instituídas pela mesma sociedade, que por sua vez as desrespeitou não atendendo devidamente ao direito de cada menor".

A instituição sempre operou com as consequências de uma situação social e econômica injusta, hoje agravada pelo crime organizado e pelo tráfico de entorpecentes.

A Fundação, como se vê, começou com bons propósitos, sendo que grandes reformas foram feitas em seu início.

Retirou-se a Polícia Militar da guarda dos infratores, instituiu-se a educação e a profissionalização obrigatória, estimulou-se o esporte, a cultura e o lazer, construíram-se unidades modernas e relativamente pequenas, tentou-se um atendimento regionalizado, apoiou-se o voluntariado, exigiu-se a capacitação e o treinamento do pessoal, contiveram-se as despesas de pessoal e o número de infratores atingia, no máximo, a um milhar de jovens, com um total de 35.000 menores atendidos, através de unidade diretas e conveniadas, com um total de 1.800 funcionários CLT e 580 funcionários estatutários.

Dos menores infratores recolhidos, o percentual de furto era de mais de 60%, roubo, 10%, homicídios eram raros, lesões corporais chegavam a 10% e o uso de entorpecente era insignificante. O tráfico e o crime organizado não existiam. Os menores infratores primários eram separados dos reincidentes e os reincidentes graves tinham uma unidade separada em Mogi Mirim. Esse era o quadro.

O tempo passou, a Fundação cresceu enormemente em matéria de pessoal, as infrações tornaram-se muito mais graves, a regionalização e a municipalização foram precárias e a situação tornou-se muito mais grave e complexa.

É importante salientar que, em seu início, a Fundação tinha um Conselho muito forte e representativo da sociedade e sempre presente, com uma grande cooperação do Ministério Público, sendo que a sociedade participava, num processo crítico, nas Semanas de Estudos dos Problemas de Menores, promovidas pelo Tribunal de Justiça e Procuradoria Geral da Justiça.

Penso que estava na hora de repensarmos a Febem com a participação de toda a sociedade, dos partidos políticos, do Poder Judiciário e do Ministério Público, para que juntos tracemos um novo caminho para os desafios dos dias de hoje.

Observação: A Febem, na gestão Geraldo Alckmin, em 2005, mudou de nome para Fundação Casa, havendo um grande esforço para sua humanização, visando à ressocialização do menor e eliminando-se as práticas de violência.

A LETALIDADE NAS OPERAÇÕES POLICIAIS

O número de mortos em confrontos com a polícia, em episódios classificados de resistência seguida de morte, teve um grande aumento no ano passado, chegando a mais de duas centenas de pessoas, em São Paulo. Igualmente, mais de uma centena de policiais foi atingida, de forma brutal e violenta, conforme dados da Secretaria de Segurança Pública.

O índice anual de letalidade nas operações policiais das principais polícias europeias e da japonesa é muito mais baixo, ao passo que o da polícia brasileira, incluindo a de São Paulo, é extremamente elevado, absolutamente incompatível com o conceito de uma polícia legalista e respeitadora dos direitos humanos.

Quase sempre, as pessoas mortas residem na periferia e são dos extratos sociais mais pobres da população.

É verdade que, no final de 2012 e no início deste ano, houve uma sensível redução da violência, apesar de ter havido uma nova recidi-

---

Artigo inédito, escrito em 30 de janeiro de 2013.

va, numa chacina com 7 mortes, também, em São Paulo, seguida de uma outra com 3 mortes.

O que teria provocado essa nova onda de violência? Seria o crime organizado, briga de quadrilhas ou ação de maus policiais? Esta resposta depende de uma investigação rigorosa.

É importante notar que, no dia seguinte ao da chacina com 7 mortes, num ato simbólico, compareceram ao local da ocorrência o delegado geral, o diretor do Departamento de Homicídios e a perícia técnica, demonstrando a firme vontade de se apurar com rapidez os fatos.

Fato semelhante ocorreu no final dos anos 1970, em plena ditadura militar, por ocasião da lamentável história do Esquadrão da Morte, quando, em São Paulo, em dois anos, foram fuzilados cerca de 200 criminosos que, então, eram, pejorativamente, denominados de 'presuntos', sendo os casos sempre enquadrados como resistência seguida de morte pela polícia da época.

Precisou haver uma forte reação do Ministério Público, comandada pelo procurador de justiça Hélio Bicudo, com o apoio do Poder Judiciário, para que a matança parasse.

O tempo passou e chegamos à situação atual, que ensejou uma enérgica reação do secretário da Segurança Pública de São Paulo, publicando uma resolução proibindo o uso da expressão resistência seguida de morte nos confrontos e adotando a nomenclatura de morte por intervenção policial, mais correta e isenta.

Além disso, adota medidas que devem ser entendidas como sendo imperiosa a preservação do local do crime, evitando que o mesmo seja alterado com as armas plantadas por maus policiais nos casos de homicídio, tentativa de homicídio e lesões corporais graves, cujas vítimas só poderão ser socorridas pelo Serviço de Assistência Médica de Urgência, SAMU, como ocorre em outras unidades da Federação. Talvez a resolução deva ser aprimorada, comportando algumas exceções, mas, sem dúvida, foi um grande avanço.

O Governo de São Paulo merece elogio pela coragem do ato de seu secretário da Segurança, que seguiu recomendação da Secretaria Nacional de Direitos Humanos do Ministério da Justiça.

Para que essa onda cesse, é preciso mudar o treinamento, a valorização, os salários e a formação dos policiais, enfatizando que o fundamental é prender o criminoso e investigar o crime, e não fazer justiça sumária, através de execuções que comprometem a nossa democracia e o respeito aos direitos humanos.

Por outro lado, o Estado e a sociedade brasileira, através de ampla discussão, precisam construir uma nova política de segurança, que controle melhor a criminalidade, preserve a vida, respeite os direitos humanos e dê segurança ao cidadão, tornando o policial um verdadeiro guardião da Constituição.

Finalmente, há necessidade de apuração rigorosa dos fatos e punições severas e exemplares, se, efetivamente, como se suspeita, houve participação de maus policiais civis ou militares nessas execuções, que comprometem a honra e a dignidade das instituições policiais.

POLICIAL, GUARDIÃO DA CONSTITUIÇÃO

A pergunta que todo brasileiro faz, neste início de ano de 2013, que, muitas vezes, foi marcado pela violência nas grandes cidades brasileiras, é se seria possível transformar em realidade a afirmação de que o policial deveria ser o primeiro guardião da Constituição, já que ele é o funcionário estatal que tem o primeiro contato com o crime e se encontra em convívio direto com o cidadão.

Acredito que sim, ainda que fosse necessário fazer-se uma grande transformação na formação do policial, nos seus vencimentos e no controle das polícias pela sociedade e pelo Ministério Público. O aperfeiçoamento da polícia brasileira é um desafio para o governo brasileiro no âmbito federal, estadual e municipal.

As falhas começam com a União, que tem uma Secretaria Nacional de Segurança Pública incumbida de coordenar, fiscalizar e financiar as políticas públicas para a área, mas cujos recursos são, notoriamente, insuficientes e menores que os das Secretarias Estaduais de Segurança dos grandes estados brasileiros, o que é um verdadeiro contrassenso.

Artigo publicado originalmente na *Folha de S. Paulo*, em 09 de janeiro de 2013.

Deve-se frisar que as verbas da União, além de serem pequenas, são, quase sempre, parcialmente bloqueadas, o que é outro verdadeiro contrassenso.

Os estados remuneram mal os policiais e, nem sempre, a reciclagem e a preparação são adequadas, e os municípios investem pouco nas guardas municipais.

Existem experiências bem sucedidas de policiamento comunitário no país, que precisam ser multiplicadas e que aproximam o policial do cidadão, bem como o trabalho eficiente da Polícia Federal, apesar de seu pequeno contingente.

Afinal, os direitos e garantias individuais estão elencados na Constituição e o policial, na rua e em qualquer outra situação, é quase sempre o primeiro representante do Estado a ter condições de garantir a sua observância.

Seria um sonho, mas em qualquer democracia trata-se de um projeto que precisa ser alcançado.

No Brasil, de modo especial, um país continental, com tantas diferenças e com uma polícia com uma cultura de violência e de ineficiência, marcada muitas vezes pela tortura, pelo desrespeito aos direitos humanos e pelos esquadrões da morte, trata-se de uma meta a ser perseguida e, talvez um dia, alcançada.

Precisamos ter, no combate ao crime, menos violência, mais prevenção e mais eficiência. É necessário diminuir-se o número de vítimas inocentes, sejam elas policiais ou civis, quase sempre residentes na periferia.

A vida é um valor fundamental a ser respeitado em qualquer sociedade democrática. O pouco valor dado à mesma nas metrópoles brasileiras é um preocupante sinal de barbárie.

A valorização e o respeito à autoestima do policial são fundamentais para esta transformação.

As diferentes organizações policiais precisam superar rivalidades, realizar operações conjuntas e intercambiar informações para que obtenham melhores resultados no combate ao crime organizado. O recente acordo entre São Paulo e a União é um exemplo a ser seguido.

Neste início de ano, inspirados pelo nascimento de Cristo e com desejos e projetos a serem realizados, sonhar é preciso, porque um dia os sonhos serão concretizados, se desejarmos, efetivamente, transformar o país numa democracia onde os direitos individuais sejam respeitados pelos policiais, principalmente em relação aos mais marginalizados.

DESVALOR DA VIDA

A frequência e a sucessão de policiais militares, bandidos e civis mortos nos últimos meses, em São Paulo, chama a atenção a um dado que tem passado despercebido nos meios de comunicação.

Entre os 100 policiais militares mortos em 2012, a grande maioria é de soldados e cabos, sem atingir nenhum oficial, ou seja, são pessoas mais simples e dos extratos sociais mais pobres, quase sempre morando na periferia.

De igual modo entre os civis, a sua totalidade é de classes sociais mais pobres e, igualmente, residem na periferia, ou seja, fez-se uma verdadeira opção preferencial pelos pobres nas execuções, tanto de policiais como de civis. Às vezes, parece que o Direito Penal fez uma opção preferencial pelos pobres, o que é confirmado pela origem social da população carcerária.

Os crimes foram praticados em bairros da periferia pobre, em todas as zonas da cidade.

Artigo inédito, escrito em dezembro de 2012.

A repetição e a quantidade de homicídios e a falta de uma reação mais forte da sociedade mostram um preocupante fenômeno de banalização da violência e do pouco valor que se dá à vida das vítimas, cruelmente assassinadas.

Se lembrarmos de um episódio dos anos 1970, na época do Esquadrão da Morte, veremos que somente quando a violência atingiu três jovens da classe média, no episódio conhecido como Rota 66, é que se iniciou uma reação mais forte, com a mobilização da sociedade e a punição dos culpados.

Seguramente a origem dessa onda está no tráfico de entorpecentes, no crime organizado e na profunda desigualdade social da sociedade brasileira. O Governo do Estado de São Paulo e a União celebraram um acordo de cooperação, o que é um grande avanço, mas estão tendo dificuldade para deter a escalada da criminalidade violenta.

É fundamental que as diferentes organizações policiais estaduais e federais superem rivalidades, intercambiem informações e realizem operações conjuntas para que possamos obter melhores resultados, sendo indispensável a participação efetiva do Ministério Público e do Poder Judiciário.

Por outo lado, há necessidade de punições mais severas no tráfico de entorpecentes, no crime organizado e nos homicídios em que as vítimas sejam policiais no exercício de suas funções.

Hoje, a morte de pessoas humanas se compara com o ato de matar formigas ou moscas, porque, se fossem cachorros, poderia haver uma reação se a população soubesse da execução a tiros de 200 animais num prazo de dois meses. Afinal, se os animais merecem respeito, com igual razão a vida dos seres humanos.

É preciso valorizar e respeitar a vida, pois, como já afirmamos, há necessidade de se construir uma nova política de segurança, que controle melhor a criminalidade, preserve a vida, respeite os direitos humanos e dê segurança ao cidadão, tornando o policial um verdadeiro guardião da Constituição.

Caso contrário, estaremos caminhando para a barbárie e, sem estarmos em guerra, veremos mais pessoas morrendo, sendo executadas por criminosos, certos da impunidade.

É hora de se indignar e darmos um basta a esta onda de violência que ameaça a vida, a democracia e o estado de direito.

PALAVRAS FINAIS

Os assuntos mencionados nos artigos e ensaios constantes do livro dizem respeito a temas vários, como violência, corrupção, política, ouvidoria, sistema prisional, política de segurança e polícia, havendo, entre todos, um fio condutor de esperança e ética, bem como a crença de que é possível a construção de uma sociedade mais humana, justa e respeitadora dos direitos humanos.

A luta dos cidadãos democratas de todas as tendências continua, é preciso perseverar e, muitas vezes, recomeçar, mas o importante é não perder a fé na democracia e na força da verdade e dos direitos humanos, bem como acreditar que o crime organizado, ao final, sempre perderá as batalhas contra a sociedade conscientizada dos seus direitos e deveres e que a Justiça triunfará sobre a transgressão da lei.

Como lembrava, com felicidade, Rui Barbosa, "fora da lei não há salvação".

As transformações na sociedade brasileira para criarmos um país menos desigual e mais justo dependem de nossa crença no estado democrático de direito e de nossa participação ativa na luta política, pois não podemos continuar como espectadores de nossas profundas desigualdades sociais.

Conseguimos sair de um estado ditatorial, implantado em 1964, e ingressamos num processo de redemocratização irreversível. Se compararmos com outras transições, podemos afirmar que a nossa foi menos traumática. As instituições estão cada vez mais fortes e a imprensa é livre. Devemos estar vigilantes para que não haja retrocessos.

A luta continua e foi renovada pelo movimento de massas de junho de 2013, liderado pelos estudantes, mas o caminho até agora percorrido reforça a nossa esperança de construirmos juntos um país melhor e mais justo.